Surmonter l'épreuve du deuil

Données de catalogage avant publication (Canada)

Régnier, Roger, 1942-

    La traversée du deuil

    ISBN 2-7640-0046-4

1. Deuil - Aspect psychologique. I. Saint-Pierre, Line, 1958-, II. Titre

BF575.G7R44 1995   155.9'37   C95-941073-2

LES ÉDITIONS QUEBECOR
7, chemin Bates
Bureau 100
Outremont (Québec)
H2V 1A6
Téléphone: (514) 270-1746

© 1995, Les Éditions Quebecor
Dépôt légal, 3e trimestre 1995

Bibliothèque nationale du Québec
Bibliothèque nationale du Canada
ISBN: 2-7640-0046-4

Éditeur: Jacques Simard
Coordonnatrice à la production: Dianne Rioux
Conception de la page couverture: Bernard Langlois
Photo de la page couverture: Benelux Press/Masterfile
Révision: Jocelyne Cormier

Correction d'épreuves: Francine St-Jean
Infographie: Composition Monika, Québec
Impression: Imprimerie l'Éclaireur

Roger Régnier et Line Saint-Pierre

Surmonter l'épreuve du deuil

Les Éditions Quebecor

Table des matières

Chapitre 3

Différents types de deuils   87

Deuxième partie

Les méandres

Chapitre 4

Les perturbations du milieu familial:
le deuil dans la famille   105

Troisième partie

L'aboutissement

Introduction

Le deuil est une épreuve particulièrement difficile à traverséer qui suscite, à divers degrés, une déstabilisation aux conséquences multiples sur les plans affectif, psychologique, physique, comportemental, social et spirituel. La preuve en est que beaucoup d'endeuillés décrivent spontanément cette expérience, au mieux, comme «l'assombrissement d'un ciel jusque-là sans nuages» et, au pire, comme «une tempête d'émotions et de perturbations au cœur de laquelle on se sent complètement à la dérive».

Et il est vrai que le deuil peut blesser une personne jusqu'aux racines profondes de son être, affecter sa perception de l'univers et de l'existence, modifier durant un certain temps ses rapports avec son entourage ainsi que laisser des cicatrices profondes et douloureuses.

Cependant, une fois les premières émotions un peu apaisées, de grandes questions viennent à l'esprit: Comment traverséer cette épreuve? Comment recouvrer l'équilibre et la sérénité? Comment fonctionner d'une façon saine et normale en l'absence de la personne disparue? Comment souffrir moins sans oublier? Comment croire encore aux joies de l'existence? Comment ne pas craindre l'attachement affectif et croire encore au bonheur? La quête des réponses à ces questions, qu'elles soient consciemment ou non formulées, peut engendrer une grande insécurité dans le quotidien immédiat de la personne éprouvée et même parfois créer des angoisses quant à sa vie future. C'est cette déstabilisation intérieure qui pousse les endeuillés (parfois dans les premiers moments qui suivent le décès) à rechercher dans leur entourage immédiat certaines formes de soutien (affectif, social, psychologique, amical, spirituel, matériel). Outre le besoin de se rattacher au monde des vivants, ce mouvement vers autrui, cette recherche d'un mieux-être indique la mise en place à l'état embryonnaire de sains mécanismes d'adaptation.

Parfois, le soutien recherché se manifeste spontanément et n'a pas besoin d'être apporté par des personnes formées pour une intervention particulière ou spécialisée. En effet, il peut sembler simple et naturel de demander de l'aide ou de l'offrir. Par exemple, quand un proche avoue «Comme c'est difficile!», une personne avisée et sensible traduit et entend «Je souffre et j'ai besoin d'aide.» Si cet interlocuteur se sent à l'aise et capable d'offrir son soutien, il répondra sans doute: «Tu peux compter sur moi si tu crois que je peux t'aider» ou «Je t'écoute si tu souhaites m'en parler.» Toutefois, pour plusieurs raisons, ce n'est pas facile de secourir un proche en deuil. C'est pourquoi il arrive souvent que les endeuillés souffrent et sont déstabilisés, non seulement par la perte elle-même, mais aussi par l'absence d'un soutien efficace qui leur permettrait de retrouver leur équilibre plus rapidement.

Les personnes qui subissent la perte d'un être cher se rendent souvent compte qu'elles ne sont pas suffisamment préparées à cet événement, ni surtout à l'ampleur de ses répercussions dans leur vie quotidienne. En dépit du fait qu'on puisse se préparer à l'éventualité d'un deuil — intellectuellement et dans une certaine mesure seulement —, force est de constater l'effet de surprise, voire de stupéfaction, qui s'empare souvent des personnes éprouvées: «Je ne pensais jamais que ce serait aussi pénible... Je me croyais prêt au détachement, mais ça se passe bien autrement que tout ce que j'avais imaginé, anticipé»; ou encore «Tout au long de sa maladie, j'ai cru sincèrement que j'apprenais à "lâcher-prise".» Les propos qui précèdent illustrent le caractère souvent crucial du deuil tout autant que la tendance naturelle à refuser le dénouement fatal avant qu'il survienne, comme s'il s'agissait d'une conjoncture improbable ou d'un sort réservé à des étrangers, ou encore comme si, pour la personne en cause, il serait toujours bien le temps de voir venir et de s'adapter le moment venu.

* * *

Les deuils sont-ils plus difficiles à vivre aujourd'hui qu'autrefois, et si oui, pourquoi? Ou bien avons-nous développé une conscience plus aiguë du phénomène et de ses conséquences? Après avoir peut-être trop négligé la souffrance causée par le deuil, y accordons-nous maintenant, à cause de tous les grands questionnements sur la mort, une importance parfois démesurée? Ces questions et bien d'autres demandent réflexion et méritent d'être approfondies. Mais dans cet ouvrage, notre propos s'en tient principalement au parcours du deuil. Un cheminement qui comporte ses embûches, ses moments de solitude, ses phases de désorientation, de doute et de découragement, un parcours qui ressemblerait à plusieurs égards à une traversée du désert. Une traversée parfois très pénible mais malgré tout possible et toujours nécessaire, souvent même susceptible de favoriser des apprentissages importants à l'instar de toute crise majeure de l'existence.

C'est de ce parcours difficile que nous allons traiter, en mettant l'accent sur l'expérience et les besoins des endeuillés, ainsi que sur les moyens susceptibles de les aider à mieux surmonter l'épreuve.

Nous nous adressons donc surtout à tous ceux et celles qui ont perdu un être cher ainsi qu'à leurs proches touchés par leur deuil et désireux de mieux les comprendre et les aider.

Chaque lecteur trouvera sans doute que certains passages répondent mieux que d'autres à ses préoccupations et besoins du moment. De ce point de vue, il n'est donc pas indispensable de lire ce livre du début à la fin, sans sauter de pages ou de chapitres, bien que son développement chronologique reflète le déroulement habituel d'un deuil normal.

Définition du deuil

Même si on peut appliquer la notion de deuil à d'autres pertes importantes subies au cours de l'existence, le deuil dont il est question ici se rapporte uniquement à la perte d'un être cher, ce qui n'exclut pas que certains passages du livre puissent aider des personnes aux prises avec d'autres renoncements difficiles. Du type de deuil dont nous parlons, il existe de nombreuses définitions formulées selon différents points de vue: psychologique, médical, psychanalytique, anthropologique, sociologique ou spirituel. Pour les besoins de cet ouvrage, nous proposons celle-ci: **le deuil se caractérise par un ensemble d'émotions et de perturbations ressenties à la suite de la perte définitive — par décès — d'une personne avec qui on est lié affectivement, ainsi que par le processus de détachement qui s'ensuit.**

Puisque nous parlerons au chapitre suivant des manifestations normales du deuil, quelques précisions s'imposent dès maintenant.

Nous dirons qu'**être en deuil est un état consécutif à la mort d'une personne affectivement significative.** Il s'agit donc d'une crise de l'existence importante et inévitable, mais non moins **normale**, qui entraîne diverses répercussions. Habituellement, l'ensemble de ces répercussions n'est pas considéré comme une maladie, mais plutôt comme un syndrome de dépression transitoire caractérisé par divers troubles physiologiques et psycho-affectifs passagers et relativement mineurs. Toutefois, dans certaines conditions et chez certains individus, il arrive que ces troubles s'amplifient et se manifestent sous forme de maladie mentale ou physique (neurasthénie, névrose, psychose, déviance, somatisation, tendance à l'autodestruction réelle ou symbolique). Il s'agit alors d'un **deuil pathologique**, et il relève de la psychiatrie.

Le processus de deuil

Faire son deuil est un processus, une tâche psychologique que l'endeuillé doit effectuer pour assimiler la perte ainsi que parvenir à se détacher de l'objet d'attachement perdu et à réinvestir son énergie mentale et affective dans d'autres sources d'attachement. C'est à ce processus que se rapporte le concept de résolution du deuil ou de travail de deuil. Si ce processus est perturbé exagérément, entravé, prolongé ou retardé, l'endeuillé vit alors un **deuil compliqué**, ce qui peut nécessiter un travail psychothérapeutique plus approfondi.

Il faut donc bien comprendre que tout deuil, **en tant qu'événement, est normal**, mais que certains deuils, en **tant que processus**, peuvent être **compliqués** ou **pathologiques**.

Nous proposons également ce modèle schématisé du processus de deuil, divisé en quatre grandes phases:

— **Le choc** ressenti à l'annonce ou au constat du décès.

— **La déstabilisation** et **la dépression** qui accompagnent la pleine prise de conscience du caractère définitif de la perte.

— **L'incubation**, c'est-à-dire l'adaptation à l'absence et la préparation à la nouvelle réalité.

— **La réorganisation** progressive, le bilan et les changements qui mènent au réinvestissement.

Bien que ce déroulement s'inscrive dans un ordre chronologique, il faut souligner que l'expérience vécue à chaque stade diffère énormément, en intensité et en durée, selon les individus et les circonstances, et qu'il peut se produire un chevauchement ou un prolongement des phases l'une dans l'autre.

Globalement, l'expérience de deuil affecte trois grandes sphères de l'existence humaine:

— le rapport à la temporalité (la rupture du temps);

— le rapport au monde (la modification de la perception de l'univers et de l'existence humaine);

— le rapport à soi-même et à autrui (la perturbation de la dynamique personnelle et relationnelle).

Bien entendu, nous ne suggérons d'aucune façon une prévalence de l'un ou l'autre de ces bouleversements, ni un clivage entre les trois. En explorant les multiples composantes individuelles et circonstancielles de cette déstabilisation, nous verrons comment ces bouleversements sont, au contraire, étroitement interreliés.

Nous examinerons aussi, bien sûr, divers moyens susceptibles de faciliter l'expérience incontournable du deuil.

Nous aborderons donc le deuil comme un processus évolutif, partant de l'expérience subie et ressentie pour finalement parvenir à une meilleure compréhension ainsi qu'à une transformation de l'expérience.

* * *

Figure I
Schéma évolutif du deuil

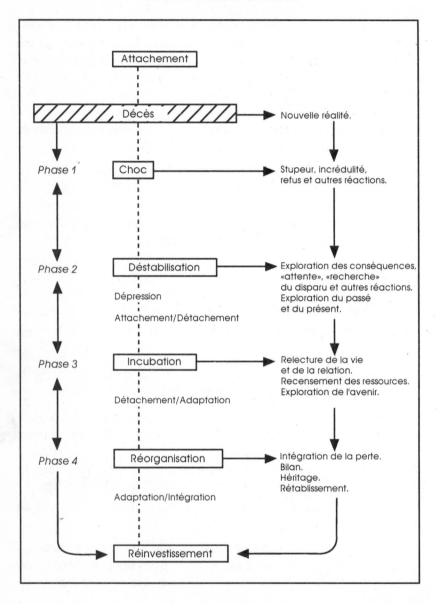

18

La résolution de votre deuil demande une participation active de votre part. C'est pourquoi nous avons inséré, à la fin de chaque chapitre, une section où, à la lumière de ce que vous avez lu, vous pourrez noter vos réflexions, ce que vous avez appris et surtout où vous en êtes dans votre cheminement d'endeuillé. À titre indicatif, nous vous proposons également une rubrique intitulée **Ce qui peut nuire — Ce qui peut aider**. Vous compléterez vous-même cette partie en vous référant à votre expérience de deuil et en faisant vos propres observations. Ce travail correspond à un court bilan de fin de chapitre. Il devrait vous permettre de prendre mieux conscience de vos progressions et de bien déterminer les points sur lesquels vous devez maintenant centrer vos efforts pour avancer. Ces pages sont en quelque sorte votre journal de bord et vous aideront à effectuer des pauses salutaires.

Ce livre a été conçu à votre intention, dans le but de vous renseigner, de vous guider et de vous réconforter dans votre expérience de deuil. Toutefois, si un chapitre vous ennuie ou vous semble trop ardu, sautez-le et revenez-y plus tard. Ne forcez pas votre progression. Respectez plutôt votre rythme, vos besoins et vos capacités du moment, tout en maintenant votre détermination d'œuvrer à votre mieux-être.

Croyez en un avenir meilleur. Un jour, vous serez plus serein, vous verrez la lumière poindre au bout du tunnel. Souvenez-vous que, dans l'obscurité, la plus petite flamme intérieure peut illuminer l'esprit et réchauffer le cœur.

Bonne lecture et bon courage.

Roger Régnier
Line Saint-Pierre

Première partie

Les repères

Chapitre 1

Les manifestations normales du deuil

Le deuil est un état particulier qui affecte l'individu dans tout son être. En effet, une personne endeuillée est touchée dans toutes les dimensions de son existence, à la fois dans son corps, son cœur, son intelligence, sa sensibilité ainsi que dans son environnement. Il est donc difficile de faire des distinctions particulières entre divers états affectifs et psychiques où les émotions, les sentiments et les sensations se fondent très souvent pour produire une réaction globale, puisque toutes les manifestations du deuil ont des composantes à la fois émotionnelles, physiques, cognitives, sentimentales et comportementales, qui se répercutent les unes sur les autres. C'est pourquoi il faut analyser les manifestations de ce phénomène en tenant compte du fait que le deuilleur exprime toujours son état sur plusieurs plans à la fois.   .

Les mots manifestations, réactions, malaises et symptômes, utilisés ici comme synonymes, désignent les façons par lesquelles le deuil va tenter de s'exprimer.

Les manifestations du deuil peuvent être soit très diversifiées ou peu nombreuses, s'extérioriser fortement assez longtemps ou n'être que modérées et passagères. Ces réactions peuvent aussi être éprouvées avec force et acuité pendant un court laps de temps, ou ne se manifester que très peu mais s'étendre sur une longue période. L'expression **manifestations normales du deuil** ne signifie pas qu'elles doivent obligatoirement toutes se produire et qu'il serait dès lors anormal de ne pas les ressentir, mais plutôt qu'elles ne doivent pas être considérées comme exceptionnelles ou comme des indices de troubles majeurs, dans la mesure où elles sont modérées et durent un temps raisonnable. Fondamentalement, rappelons-nous que l'intensité et la persistance sévères de ces réactions sont les signes d'un deuil compliqué ou d'un deuil pathologique.

Il nous apparaît important d'insister sur l'aspect de la normalité du deuil, car beaucoup d'endeuillés s'inquiètent du caractère «correct ou non correct» de leurs réactions. Souvent, ils se sentent différents ou à part des autres, d'où la crainte d'être mal perçus et marginalisés. D'emblée, toute réaction ou tout changement survenu à la suite de la perte d'un être cher peut être reconnu comme normal. Le deuil en tant que crise existentielle suscite une déstabilisation qui engendre effectivement des réactions parfois surprenantes. Chacun a ses façons très personnelles de réagir et de s'adapter.

Par conséquent, les manières dont le deuil se manifeste peuvent être aussi variées qu'il y a de personnes éprouvées. Dans la phénoménologie du deuil et son expérimentation, on peut appliquer la notion suivante: chaque être humain est à la fois unique et pareil à ses semblables. L'observation des réactions des endeuillés ainsi que l'analyse de leurs témoignages révèlent bien sûr l'existence de différences individuelles, mais témoignent aussi de certaines constances. Décrire la réalité de l'endeuillé de façon exhaustive constituerait une tâche irréalisable. Aussi, nous contentons-nous de présenter les manifestations les plus courantes du deuil. Nous les avons regroupées en quatre catégories:

— les réactions physiologiques;

— les manifestations cognitives;

— les comportements;

— les sentiments et les émotions.

Les réactions physiologiques

Les multiples réactions physiologiques qui surviennent chez l'endeuillé à la suite de l'annonce du décès varient en nombre et en intensité selon sa constitution, son âge, son état général de santé, sa culture et, bien entendu, les circonstances entourant la mort. Quelques-unes de ces réactions disparaissent assez rapidement, tandis que d'autres se prolongent un certain temps, puis s'estompent graduellement. En général, tout rentre dans l'ordre au rythme de l'évolution du processus de deuil. À l'instar des médecins et des autres intervenants, nous ne croyons pas qu'il faille s'inquiéter outre mesure de ces malaises physiques; ils doivent plutôt être considérés comme des signes révélateurs ou précurseurs de l'état de déstabilisation qui guette l'endeuillé. Pour ce dernier, il peut être fort rassurant de se rendre compte que certains de ses maux sont reliés étroitement à sa sensibilité et à son psychisme.

Par exemple, il arrive souvent qu'une migraine soit associée à une grande fatigue morale. Ce peut être le cas si l'endeuillé ne cesse de revivre en pensée tous les événements liés au décès, en cherchant sans cesse à tout comprendre, et surtout à ne rien oublier qui pourrait par la suite s'avérer important. La tension qu'exige ce genre d'effort peut devenir un véritable casse-tête, capable de déclencher un mal de tête bien réel.

Il y a effectivement concordance entre nos états cognitifs et émotionnels et nos sensations physiques. Il est fort intéressant de noter certaines associations faites spontanément par les gens aux prises avec des sensations douloureuses ou désagréables: «Mon écœurement est si grand que j'en ai la nausée», ou «J'ai la gorge nouée; ce coup-là, je ne peux pas l'avaler.»

Au moment du décès et dans les jours qui suivent, les proches peuvent ressentir les malaises suivants: **sécheresse de la bouche** et **déglutition difficile**; **serrements, crispations** ou **sensations d'oppression** dans la gorge ou la poitrine; **douleurs gastriques** ou **sensation de vide abdominal**. D'autres souffrent de **bouffées de chaleur**, d'une **sudation importante** sans motif apparent ou, au contraire, d'une **sensation de froid**; ou encore de **nausées** et de **vomissements**; de **palpitations** ou même de **tremblements** ou de **troubles de la vision**. Certains autres malaises peuvent apparaître plus tard, une fois le choc passé, et se poursuivre plus ou moins longtemps: une **altération du goût**, une **perte** ou un **accroissement de l'appétit**; des **troubles diges-**

tifs, des **brûlements d'estomac**, de la **diarrhée** ou de la **constipation**, des **maux de tête**, des **douleurs musculaires** ou **articulaires**, une certaine **tension**, de la **raideur**, de la **faiblesse**, un **manque de tonus** ou d'**énergie**; une **hypersensibilité au bruit**, des **perturbations du cycle hormonal** et **menstruel**, un **accroissement** ou une **diminution de la libido**.

Tous ces malaises organiques et bien d'autres non énumérés ici méritent certainement votre attention et celle de votre entourage. Ils doivent être traités avec sérieux, sans dramatisation ni banalisation, mais en fonction de leur gravité et des problèmes qui pourraient éventuellement en découler. La question qui est aussi soulevée est de vérifier dans quelle mesure le désordre physique est en relation directe avec le deuil.

Sur le plan de la santé, chacun a ses points sensibles, ses propres fragilités. Par exemple, une personne qui souffre de maux d'estomac ne devrait pas se surprendre d'éprouver de nouveaux malaises ou de voir s'accentuer les symptômes existants. Évidemment, cela ne signifie pas qu'une aggravation se produit toujours à la suite du déclenchement du processus de deuil; toutefois, cette perspective reste possible dans bien des cas. Pour le deuilleur qui souffre d'une maladie, il y a bel et bien un risque de voir son état de santé empirer. Si vous êtes dans cette situation, consultez votre médecin, ne serait-ce que pour lui signaler la perte sévère que vous venez de subir. En cette matière, nous sommes persuadés que la vigilance vaut mieux que la négligence.

Les manifestations cognitives

Ces manifestations vont évoluer de manière significative durant toute la traversée du deuil.

Au début, c'est sans doute **l'impression d'irréalité** qui prévaut chez l'endeuillé: «Que m'arrive-t-il? Est-ce possible? Je ne peux pas y croire!» Cette réaction consiste à repousser momentanément la réalité et peut même revêtir une forme de négation, surtout si le décès est survenu de manière subite ou violente. Ce phénomène se produit assez souvent lorsque les proches n'ont pas eu la possibilité de voir le cadavre, par exemple à cause de l'éloignement géographique (le défunt habitait à l'étranger ou l'endeuillé n'a pas pu assister aux funérailles); ou quand le corps n'est pas retrouvé (noyade, égarement en forêt, accident d'avion, incendie); ou encore à cause des circonstances particulières qui empêchent l'exposition du défunt (cadavre retrouvé en état de putréfaction, brûlé, défiguré ou mutilé). Tous ces cas peuvent provoquer un fort **sentiment d'incrédulité**, qui persistera au-delà de ce qu'on observe habituellement: «Ce n'est pas vrai! Non, il n'est pas mort! C'est impossible, pas lui, il va revenir, je le sais!» Toutefois, les cas de déni proprement dit sont assez exceptionnels.

* * *

Certains endeuillés expérimentent une sorte de **torpeur, d'engourdissement émotif et mental**, qui les prive de réactions, comme s'ils n'étaient pas touchés par l'événement. Par exemple, un individu qui n'aurait jamais été en contact avec la mort pourrait être très impressionné d'assister au décès d'un proche et réagir de cette façon. Bien que ce phénomène soit troublant à la fois pour la personne en état de choc et pour celles qui en sont témoins, il n'est pas grave s'il ne persiste pas au-delà de quelques heures ou même de quelques jours.

* * *

La pleine prise de conscience de la perte provoque souvent une **impression d'attente ou de retour du disparu**, un besoin diffus de le retrouver ou de le rejoindre (qu'il ne faut pas confondre avec le penchant suicidaire). L'endeuillé comprend bien que son désir de se réapproprier le défunt est totalement irrationnel, mais il ressent néanmoins l'impérieux besoin de lui parler, de lui réserver une place dans ses occupations quotidiennes, de solliciter son aide ou ses conseils. Il peut arriver que cette démarche s'accompagne d'hallucinations visuelles et auditives fugaces et sporadiques. Certains faits inexplicables mais non moins réels viennent parfois renforcer le sentiment que le défunt n'est pas parti ou qu'il reviendra, tel cet objet fortement imprégné du souvenir du défunt, et qu'on croyait définitivement perdu, qui réapparaît soudainement après le décès. Lorsque les gens sont à la recherche de signes et d'indices susceptibles d'entretenir et de renforcer leurs croyances et leurs sentiments, ce genre d'événement est souvent perçu comme une manifestation réelle, voire une preuve tangible de la présence ou du retour du disparu. Sachez bien que, surtout au début du deuil, ces réactions ne sont pas révélatrices de troubles mentaux. Elles traduisent simplement la grande difficulté d'effectuer la coupure définitive des liens et de supporter la solitude et la douleur de la séparation. Elles s'estompent graduellement à mesure que l'absence se transforme peu à peu en «présence intérieure».

* * *

La plupart des personnes qui subissent une perte sévère éprouvent des **états variables de confusion** qui se traduisent par des troubles de perception et d'idéation, par des défaillances de la mémoire et de la concentration ainsi que par une certaine désorientation spatio-temporelle. Cet état de confusion modérée est souvent formulé ainsi: «J'ai l'impression de tourner en rond; je me sens confus; j'ai de la difficulté à rassembler les morceaux du casse-tête de ma vie.» Cette sensation s'atténue progressivement à mesure qu'est surmontée la dépression du deuil.

* * *

Les répercussions psychiques et cognitives du deuil se manifestent aussi sur le plan spirituel. En effet, tout particulièrement quand il subit une crise grave, l'être humain n'échappe pas à certains questionnements métaphysiques qui l'amènent à réviser ses concepts. Ses valeurs morales, ses croyances, ses idées philosophiques, son besoin d'absolu, son sens de la justice, même sa foi proprement dite, risquent alors d'être ébranlés. Il n'est pas surprenant que la révolte si souvent ressentie au décès d'un proche soit fréquemment dirigée contre Dieu ou l'aveugle destin qui frappe si cruellement. Certaines personnes éprouvent, ne serait-ce que momentanément, un véritable déchirement intérieur, une profonde **remise en question de leurs convictions et de leur perception de l'univers**, un bouleversement qui peut être très troublant, culpabilisant et déstabilisant. Cependant, certains endeuillés formulent assez tôt des réponses, émettent des hypothèses qui, même incomplètes ou partiellement satisfaisantes, leur procurent un début d'apaisement. Par exemple, ce père d'un fils unique, décédé accidentellement, qui trouva une certaine consolation, toute relative bien sûr, dans le fait que son fils aurait pu rester fortement handicapé et qu'il valait peut-être mieux qu'il ne survive pas dans cet état.

* * *

L'**agitation interne** parfois ressentie par l'endeuillé n'est pas toujours perceptible pour les proches, d'autant plus qu'elle n'induit pas forcément des manifestations comportementales correspondantes, mis à part ce qui est souvent perçu comme un simple état d'énervement ou de fébrilité. En fait, lorsqu'elle est davantage éprouvée intérieurement, l'agitation se traduit par l'**hyperactivité mentale**: le cerveau est alors en pleine ébullition, l'attention est mobilisée par toutes sortes de pensées, de préoccupations, d'images, de souvenirs qui se superposent, s'entrechoquent, se fondent et se confondent, pouvant susciter par le fait même une certaine confusion. D'où la difficulté d'exprimer clairement les contenus qui y sont reliés ou d'en décoder le sens. L'endeuillé qui éprouve ce genre de trouble peut s'en inquiéter gravement, se demander s'il est seul à vivre cette situation, ou pire encore s'il est en train de devenir fou. Cette activité cérébrale intense et désordonnée est tout à fait **normale**. Elle s'explique en bonne partie par la nouveauté de la situation, par l'incertitude et l'inconnu dans lesquels la perte plonge l'individu et parfois aussi par l'«attente» du disparu.

* * *

À mesure que la personne entre dans la phase de réinvestissement, ses réactions cognitives marquent un tournant sensible. Tandis que les préoccupations intenses à l'endroit du défunt s'estompent et que les tourments s'apaisent, le survivant s'adapte peu à peu à l'absence du défunt, procède à l'élaboration et à la mise en place de nouveaux modèles de soi et du monde. Il se sent plus apte à affronter lucidement la réalité. La façon de considérer et de ressentir l'événement change. L'expression du chagrin et le sentiment de privation ressenti au début du processus de deuil évoluent vers une certaine acceptation ou, à tout le moins, vers une certaine adaptation. Le «Je ne peux vivre sans lui ou elle» si fortement affirmé dans les premières semaines cède la place au «Je souffre de son absence, jamais je ne l'oublierai.» Peu à peu, cette nouvelle réalité se transformera en: «Je commence à m'habituer à cette nouvelle vie, je me sens davantage capable de vivre en son absence.»

Il est possible que vous ne soyez pas encore parvenu à ce stade. Mais même si c'est encore difficile d'imaginer comment cela se produira, efforcez-vous de croire qu'un jour la situation sera meilleure.

Les comportements

Les **pleurs**, les **soupirs**, les **lamentations**, les **plaintes**, les **interpellations à l'endroit du défunt**, parfois même les **cris**, les **crises de nerfs** sont autant de réactions possibles à l'annonce ou au constat du décès. Malgré une certaine démesure, elles sont néanmoins justifiées par l'incapacité momentanée d'intégrer le réel et d'y faire face. La douleur et le choc sont trop grands pour que l'évidence de la perte soit reconnue et qu'elle soit acceptée d'emblée. Chez certains individus, l'état de choc entraîne des manifestations bruyantes, voyantes, voire théâtrales. Par exemple, on dira de telle personne qu'elle s'est donnée en spectacle à son arrivée au salon funéraire.

L'exubérance peut bien convenir à certains, mais d'autres, plus introvertis, vivent un état de choc qui s'apparente davantage à une incapacité d'agir ou de réagir. Cette dernière réaction est qualifiée d'**état de stupéfaction**. Dans le langage courant, plusieurs expressions traduisent cet effet de choc: rester bouche bée, coi, interdit, muet, pantois, ou se sentir complètement abasourdi, ahuri, déconcerté, figé, sidéré, gelé, estomaqué, etc. Ces sensations limitent souvent les comportements à des attitudes plus ou moins typiques où la personne donne l'impression de ne pas être entièrement présente, tels le repli sur soi, le mutisme, la fuite dans ses pensées, les gestes automatiques, sans signification ou d'une extrême lenteur, ou l'incapacité de poser les actes qui s'imposent dans les circonstances, par exemple répondre au téléphone, communiquer son adresse, conduire sa voiture, annoncer le décès à ceux qui doivent en être avisés.

* * *

Il arrive parfois qu'une personne affiche une certaine **indiffé-rence** et même de la **froideur**, ce qui ne dénote pas obligatoire-ment une totale absence d'émotivité. À vrai dire, il faut éviter de tirer des conclusions trop rapides lorsque l'attitude, les propos et même les comportements laissent supposer une trop grande dis-tanciation affective ou un détachement prématuré. Ce qui est effectivement perçu par les uns comme de la froideur ou de l'indifférence peut être l'indice de troubles cognitifs responsables d'un état passager de **torpeur** ou d'**engourdissement émotif**. Il peut s'agir également d'une difficulté passagère à exprimer ses réactions. Rappelons que la personnalité intrinsèque des individus entre en jeu sur le plan comportemental de l'expression du deuil.

* * *

D'autres changements d'habitudes et de comportements ap-paraissent plus tard à mesure que l'endeuillé prend conscience de la perte et de ses conséquences. C'est alors qu'il traversée la phase cruciale du deuil et qu'il ressent pleinement les effets de la dépres-sion situationnelle occasionnée par le décès: aux perturbations physiques et cognitives s'ajoutent d'importantes modifications des règles de vie et de la routine habituelle. Tous ces bouleversements se conjuguent dans une véritable **désorganisation**. On observe fréquemment des **altérations des habitudes reliées au som-meil**: changements d'horaire, difficultés d'endormissement, peur de l'obscurité, sommeil écourté ou ponctué de périodes d'éveil brusques, besoin de dormir accru, fréquent ou moindre, rêves et cauchemars dans lesquels apparaissent souvent la personne dispa-rue. Soit dit en passant, les rêves peuvent comporter des éléments symboliques qui aident plus ou moins consciemment le survivant à se situer de nouveau et à continuer son cheminement dans son processus de deuil.

* * *

Le **changement des habitudes alimentaires** causé par l'altération du goût, la diminution ou l'augmentation de l'appétit, le manque d'intérêt pour la nourriture, la boulimie, les accès de fringale irrésistibles, le manque de motivation à préparer les repas est une autre expérience commune à nombre d'endeuillés.

* * *

En relation étroite avec les perturbations de la pensée peuvent apparaître des **comportements de distraction**. Les personnes qui en sont victimes donnent des signes d'**étourderie** et d'**inattention**: ranger le lait dans un placard, oublier ses clés, laisser brûler un mets, etc. Elles avouent agir «comme un robot ou par automatisme». Dans leurs activités quotidiennes, on observe parfois des **oublis** et des **gestes apparemment insensés** qui peuvent être plus ou moins lourds de conséquences: rendez-vous importants manqués, comptes en souffrance négligés, objets perdus ou jetés par mégarde, réparations majeures reportées, oublis de toutes sortes, etc.

Il faut comprendre que le deuil en tant que crise affective déstabilise profondément l'individu; il réduit passablement ses facultés d'attention et de concentration, diminuant d'autant sa vigilance. Il n'est donc pas surprenant qu'une personne en deuil soit à l'occasion portée à l'étourderie et aux erreurs, ou même exposée à des risques accrus d'accidents. Sans dramatiser ces événements malencontreux, il faut essayer d'éviter ce genre de problèmes.

* * *

Pour plusieurs endeuillés, l'agitation intérieure dont nous avons parlé précédemment se manifeste concrètement sous la forme d'une **hyperactivité physique**. Ces personnes avouent être en proie à une sorte de «bougeotte» continuelle et elles «tournent en rond». Constamment, elles cherchent à s'occuper, à s'affairer, parfois de manière compulsive et le plus souvent sans but précis ni grande efficacité. Elles peuvent aussi ressentir une incapacité à rester inactives; le repos physique devient alors difficile, quasi impossible. Ce n'est que lorsqu'elles tombent littéralement de fatigue, épuisées, qu'elles sont forcées de s'arrêter.

Cependant, certains endeuillés ont de la **difficulté à commencer des travaux** ou des activités relativement simples, comme faire sa toilette, classer des papiers, se préparer un repas, faire une sortie. D'autres sont très entreprenants, mais ont du mal à terminer leurs tâches ou y consacrent un temps fou: l'un commencera des travaux qu'il laissera en plan au bout de quelque temps, tandis qu'un autre mettra des semaines à terminer ceux qu'il a entrepris.

Pour plusieurs endeuillés, cette tendance à s'activer physiquement leur permet d'oublier l'agitation intérieure engendrée par le deuil, ou du moins à la transposer, l'espace d'un moment, sur un plan plus concret sur lequel ils peuvent exercer une certaine maîtrise. Autrement dit, l'action crée une diversion: temporairement, l'endeuillé s'éloigne de ses préoccupations émotives et psychiques. Cette activité permet une distanciation parfois nécessaire au recouvrement d'un certain équilibre. Elle apporte donc une forme de repos non moins important que le repos physique, soit la paix de l'esprit. Pour cette raison, nous pouvons affirmer que l'activité physique, même intense et débridée, constitue un mécanisme d'adaptation qui comporte des aspects bénéfiques.

* * *

D'autres personnes pallient le stress émotionnel occasionné par leur deuil par l'**indolence**, le **manque d'entrain**, l'**abattement** ou l'**apathie**. Ce n'est que petit à petit, par habitude ou à force de volonté, qu'elles parviennent à exercer leurs activités coutumières. Tant bien que mal, elles tentent de coordonner et d'harmoniser leurs gestes mais, somme toute, elles tournent en rond sous l'emprise du vide et de l'ennui causés par l'absence de l'être aimé. Beaucoup d'endeuillés ressentent un manque d'intérêt total qui les amène à **se couper du monde extérieur** et à **se replier sur eux-mêmes**. Cette sorte de retraite ne dénote pas forcément un apitoiement sur soi ou une forme de complaisance. Elle peut s'expliquer par un manque d'énergie physique et mentale, mais aussi par le besoin (pas toujours avoué parce que pénible et confus) ressenti par l'endeuillé de se retrouver seul, face à lui-même, de se recueillir, de faire le tri de ses émotions, de reconnaître et de vivre l'absence. Tout ce cheminement se fera pour consolider ses balises et recouvrer sa vitalité perdue.

L'endeuillé peut effectivement trouver bienfaisant d'avoir des temps de solitude bien à lui, tant pour réfléchir à son aise, sans témoin, que pour assimiler sa nouvelle situation. Il a le droit de désirer être seul au même titre que n'importe quel être bien portant.

C'est peut-être votre cas de temps à autre. Le besoin de mettre une certaine distance entre soi et les autres quand on souffre intérieurement ne devrait pas être considéré comme anormal. Il est plutôt rare qu'il perdure ou devienne exagéré. Chez bon nombre de personnes, nous avons eu l'occasion d'observer que ce besoin apparaît au moment où s'amorce véritablement l'intégration de la perte et de tout ce qu'elle représente. Dès lors, on accepte mieux qu'il faille souvent être seul pour procéder à cet important travail psychique qu'est le détachement.

* * *

L'**impression d'un retour possible** du défunt dont nous avons parlé au chapitre des manifestations cognitives du deuil trouve ses correspondances sur le plan comportemental.

Ce désir souvent inconscient de rapatrier l'autre en soi ne se traduit pas toujours par des comportements francs ou délibérés mais, plus souvent qu'autrement, par des actes routiniers antérieurement partagés avec le défunt, des gestes qui peuvent paraître insensés mais qui ont néanmoins une signification particulière. Citons quelques exemples typiques: une personne habituée à prendre son repas du soir à dix-huit heures ne peut pas passer plus tôt à table même si le repas est déjà prêt, ou elle se sent incapable d'en retarder l'heure; une veuve de fraîche date dresse machinalement un autre couvert en prévision de l'arrivée de son mari; à l'heure du coucher, un veuf allume la lampe de chevet du côté où sa compagne dormait et, une fois couché, lui réserve sa place habituelle et revient à la sienne sitôt qu'il empiète sur la partie qu'elle occupait; une jeune femme qui travaille en région éloignée attend chaque dimanche midi l'appel téléphonique de sa mère décédée; une autre s'entretient avec le défunt, à haute voix ou intérieurement. Voilà autant de comportements par lesquels s'exprime la **quête de l'objet d'attachement perdu**.

La **recherche du disparu** peut également entraîner une **identification** plus ou moins prononcée à ce dernier: le deuilleur copie les façons de parler, de penser ou d'agir de l'autre, adopte les mêmes mimiques, les mêmes postures, la même démarche. Il peut s'attribuer quelques-unes des tâches auparavant accomplies par le défunt, désirer le remplacer dans les rôles et les fonctions qu'il occupait, par exemple au sein du foyer. Un des exemples les plus connus est sans doute celui de l'adolescent qui joue dorénavant le rôle de protecteur. Il n'est pas rare non plus que l'endeuillé cherche à terminer des projets laissés en suspens par le défunt (par exemple, entreprendre la construction d'un cabanon, rénover la salle de bain, finir de repeindre la clôture, terminer un tricot), qu'il poursuive les mêmes activités ou qu'il se découvre des intérêts semblables aux siens (la politique, le jardinage, le sport) ou encore qu'il développe un goût marqué pour la musique qu'il aimait particulièrement.

L'attachement aux symboles qui évoquent le disparu découle aussi du besoin inassouvi de sa présence, de la peur de l'oublier ou de s'en séparer trop rapidement. C'est pourquoi l'endeuillé est souvent porté à retenir symboliquement les objets qui rappellent le défunt. Ce genre de comportement se caractérise donc par une sorte de fixation sur presque tout ce qui fut investi, positivement ou négativement, avec la personne décédée.

Au début surtout, le survivant éprouve la nécessité de **parler abondamment** du défunt, des circonstances de sa mort et des funérailles. Raconter l'histoire du décès de cette personne qu'il aimait lui procure un grand bien-être, car c'est une façon de la ramener près de lui et de la rendre présente aux autres. Il s'agit d'une réaction psychologique essentiellement saine, qui permet d'intégrer et de valider la perte. En effet, le fait de relater à plusieurs reprises l'événement, d'y revenir avec force détails, constitue un processus à deux temps: tout d'abord, l'expérience ressentie maintes fois prend forme dans la pensée et, d'invraisemblable qu'elle était, devient plus réelle, plus tangible, ce qui permet de la reconnaître pleinement et d'en saisir toute la portée. Ensuite, c'est aussi en la racontant encore et encore que le deuilleur évacue progressivement les aspects les plus pénibles de l'expérience, se soulage d'un fardeau encombrant et en dégage les aspects positifs.

Puis, le comportement d'attachement prend une nouvelle tournure et se caractérise davantage par une **recherche d'objets et de symboles évocateurs**: photos, vêtements, menus objets, livres, écrits, lieux, visites, etc.

Il arrive que le comportement d'attachement atteint un niveau de fixation maniaque. Dans ce cas, la personne vit en état permanent de deuil et ne peut procéder au détachement. Il existe dans la littérature et le cinéma de nombreux exemples où le **culte exagéré** du défunt, voire une véritable **momification** symbolique, est mis en évidence (par exemple, celui de la chambre d'enfant transformée en musée depuis le décès).

Toutefois, pour la majorité des endeuillés, le détachement s'effectue de manière progressive, sans brusquerie, en faisant tout doucement place à une évocation sereine du souvenir, qui exclut ce genre de manie névrotique. C'est probablement ce à quoi vous arriverez vous aussi.

* * *

Souvent, on constate chez les endeuillés une certaine tendance à éviter les choses ou les événements qui rappellent le disparu et suscitent des vagues de chagrin. Le comportement d'**évitement**, lorsqu'il est passager et modéré, correspond au besoin tout à fait légitime de se ménager, de protéger sa sensibilité encore fragile en ne prenant pas le risque de réactiver consciemment sa peine.

Parmi les moyens que les gens mettent en œuvre pour traverséer l'épreuve du deuil, il arrive parfois que le fait d'éviter les rappels non nécessaires relève véritablement d'un choix: l'endeuillé cherche à affirmer sa volonté de ne pas souffrir indéfiniment.

En voici un exemple. Un amateur de bridge racontait avoir attendu quelques mois avant de pouvoir retourner au club où lui et sa conjointe venaient très souvent. Il avait fort bien senti que, émotivement, il n'était pas encore prêt à revoir les membres du club, à affronter leur malaise, à soutenir leurs regards, à répondre à leurs questions indiscrètes. Tout en sachant pertinemment qu'il ne pourrait, ni ne souhaitait retarder indéfiniment son retour, l'évitement temporaire des lieux, du jeu et des personnes lui simplifiait la vie dans l'immédiat. Après un certain temps, il commença doucement à s'habituer à l'absence de son épouse et à reprendre goût aux gestes quotidiens. Lorsqu'il se sentit enfin prêt, plus fort, il retourna au club de bridge en étant conscient que cette démarche le confirmerait dans sa réalité de veuf.

Notre objectif n'est pas d'encourager les comportements d'évitement, mais bien d'expliquer leur raison d'être et de souligner l'utilité qu'ils ont parfois.

Ceci dit, nous devons néanmoins préciser qu'un maintien ou une prolongation de ce type de comportement n'est pas salutaire à l'endeuillé. Quand l'évitement s'accentue ou devient permanent, c'est le signe d'une névrose inquiétante. En l'occurrence, les comportements d'évitement se multiplient, se conjuguent et se cristallisent dans un mode de fonctionnement rigide et figé. Toute conversation relative aux circonstances entourant le décès, ou à la mort en général, est bannie. Il est interdit de parler de la personne décédée ou même de prononcer son nom. On fait disparaître ses photos et on dispose promptement de ses effets personnels. On se tient à l'écart des lieux (hôpital, bureau, salon funéraire, cimetière, endroit de l'accident, etc.) et des liens affectifs (famille, relations de travail, amis, etc.) évocateurs.

Cependant, il faut bien se rendre à l'évidence que, même si on tente d'éliminer ou d'éviter tout objet qui évoque la personne disparue, on ne peut jamais effacer complètement le souvenir et tous les rappels symboliques (les anniversaires, l'héritage de biens, certains événements ponctuels reliés à l'organisation du quotidien, etc.). Il serait illusoire de croire que l'évitement permanent favorise le processus de deuil; bien au contraire, dans le cas où l'évitement constitue un refus catégorique de faire face au réel, le deuil risque de se prolonger et de se compliquer. Il est préférable de se donner le temps d'identifier toutes les pertes occasionnées par le décès lui-même et de procéder à un tri progressif de ce qu'on souhaite retenir ou abandonner.

Nous tenons à souligner encore une fois que le recours temporaire à l'évitement comme adoucissement de la réalité est tout à fait acceptable et parfois même souhaitable. En effet, il n'est pas toujours nécessaire d'affronter tout de go certains aspects de la réalité, alors qu'il en existe d'autres incontournables. Cependant, les cas où l'évitement perdure de façon à masquer, à nier ou à déformer la réalité sont différents. À la limite, il s'agit alors d'une névrose phobique qui nécessite un type d'intervention et une aide spécifiques.

* * *

À l'instar de beaucoup d'endeuillés, vous vous étonnez sans doute d'être à tout propos sujet à des mouvements d'humeur inhabituels qui vous poussent soit à bousculer, bouder, gronder, ignorer, fuir, ruminer, attaquer verbalement, revendiquer, et quoi encore. Aussi variés que la gamme des émotions qui les suscitent, ces comportements traduisent des états normaux d'**impatience**, d'**irritabilité** et d'**exaspération**, fréquemment associés aux phases de choc et de déstabilisation. Cette irascibilité peut être poussée jusqu'à une forme d'**hostilité** ou d'**agressivité** verbale ou physique dirigée contre n'importe quel objet à portée de la main, contre soi-même ou son entourage (ce sont souvent les proches ou les soignants qui écopent), ou même contre Dieu ou l'injuste destin. Parfois, l'endeuillé se sent vraiment hors de lui, en proie à un égarement qui lui fait craindre de ne plus se reconnaître.

Bien qu'elles puissent profondément vous bouleverser ainsi que votre entourage, ces réactions constituent un exutoire normal à la colère et à la douleur causées par la perte. Fort heureusement, elles sont passagères chez la plupart des individus.

* * *

Chez certains endeuillés, diverses modifications de comportements peuvent être notées. Leur fréquence et leur ampleur sont relatives, mais elles ne sont pas négligeables. En voici quelques-unes: une plus grande **dépendance affective** qui les porte à s'agripper, au sens propre et figuré, à des personnes perçues comme étant des substituts de l'être perdu ou comme des sources indispensables de soutien; une tendance à la **délinquance**, à déroger aux prescriptions sociales ou à défier l'autorité; une plus forte **propension à l'alcoolisme** ou autres **toxicomanies**, incluant le **tabagisme**; un **dérèglement des activités sexuelles habituelles**.

* * *

Toutes ces manifestations comportementales révèlent des aspects normaux du deuil. Elles traduisent la souffrance consécutive à la perte ainsi que la difficulté à couper les liens et à vivre sans le disparu. Elles apparaissent surtout au cours des deux premières grandes phases du deuil, soit le choc et la désorganisation.

Soulignons de nouveau que ces réactions ne sont pas toutes vécues et qu'elles sont modulées, en fréquence, en durée et en intensité, selon la personnalité et le vécu des individus concernés.

Normalement, elles se modifieront de manière significative, sans intervention spéciale, à mesure que l'endeuillé entrera dans la phase de réorganisation et d'intégration. Ce changement positif se caractérise par une reprise du rythme normal et des habitudes coutumières: les intérêts et les activités, les relations, les attitudes et les comportements avec son entourage. Moins centré sur le passé, l'endeuillé ressent une amélioration graduelle de sa qualité de vie; peu à peu, il se sent davantage en mesure de faire un bilan réaliste de la situation présente et entrevoit un avenir meilleur.

Les sentiments et les émotions

Il existe toute une gamme d'émotions soulevées par l'annonce du décès. Si, pour certains, ces émotions s'imposent avec acuité et de manière prégnante, ce n'est pas le cas pour tous. Pour les uns, elles se manifestent de façon sourde, plutôt diffuse, alors que, pour les autres, elles revêtent un caractère aigu et même violent. On parle ici de peine, de chagrin, de tristesse, de désarroi ressentis à des degrés différents, ou encore de déchirement, de stupéfaction, de détresse, d'affliction ou de grande douleur. Il faut tenir compte des différences individuelles pour ne pas se juger sévèrement ou se culpabiliser de ressentir certains sentiments plutôt que d'autres.

Cependant, ces émotions initiales sont souvent parmi les plus intenses qui assaillent le sujet en deuil. C'est leur nature douloureuse qui provoque les troubles neuro-végétatifs et musculaires dont nous avons parlé à la rubrique des réactions physiques. C'est en partie pour cette raison que nous qualifions la phase de choc d'émotionnelle.

À mesure que le caractère définitif de la séparation s'affirme et se confirme dans la pensée — et ce cheminement s'effectue somme toute assez rapidement —, ces émotions d'abord insoutenables perdent peu à peu de leur intensité. Bien sûr, la douleur est présente pour longtemps encore, mais elle n'est plus aussi vive, elle n'est plus ressentie avec autant de violence ou d'acuité. On comprendra que ces premières réactions émotionnelles suscitées par le constat de la perte ne durent pas indéfiniment: elles seraient beaucoup trop lourdes à supporter et comporteraient forcément une menace pour l'équilibre et l'intégrité de l'être. La peur de craquer dont parlent certains endeuillés dans les tout premiers jours montre bien que cet état émotif particulièrement intense dans lequel ils baignent ne pourrait durer encore longtemps.

Notre but étant de vous aider à comprendre ce que vous ressentez et à tenter de mieux vous situer dans votre cheminement personnel, nous ferons maintenant l'exploration des sentiments et des émotions qui surviennent couramment dans le parcours du deuil.

Bien qu'elle puisse étonner parfois l'entourage par sa violence, la **colère** ressentie à la suite d'une perte significative est bien compréhensible. D'une part, la personne qui l'éprouve est frustrée d'être à jamais privée de l'être cher et furieuse de ne pas avoir plus d'emprise sur le cours de sa destinée. D'autre part, elle peut faire un retour inconscient à une époque antérieure de son développement, soit la période de l'enfance, où elle éprouvait de la colère envers les figures d'attachement qui lui faisaient défaut ou qui «l'abandonnaient». Curieusement, la perte actuelle réactive ces anciennes expériences demeurées obscures et secrètes dans sa conscience. La perte confronte aussi l'endeuillé à sa solitude fondamentale de même qu'à sa propre finitude et à l'angoisse créée par la séparation. Au fond, la colère est une extériorisation des sentiments d'**angoisse** et d'**injustice**, de **frustration** et d'**impuissance**. Elle peut être dirigée contre n'importe quel bouc émissaire: la mort ou le destin en tant que limites imposées et infranchissables, soi-même ou le défunt, les médecins, le personnel soignant ou d'autres personnes, groupes ou institutions perçus comme plus ou moins responsables du décès, ou encore tout individu heureux ou en santé.

Pierre, un jeune homme dans la trentaine dont le père est décédé assez rapidement d'un cancer du foie, a ressenti une grande rancœur envers le médecin de famille qui n'avait relevé rien d'anormal lors du dernier bilan de santé de son père, quelques mois plus tôt. Il a dénoncé le manque de fiabilité et de précision des méthodes d'investigation, et est resté persuadé que la mort de son père aurait pu être évitée si sa maladie avait été détectée à temps. Fondée sur des données purement subjectives et sur une perception souvent déformée par la souffrance du deuil, ce genre de colère n'est pas moins réelle et pénible pour la personne qui la ressent; surtout lorsque l'entourage la conteste ou juge qu'elle n'a pas sa raison d'être.

Ce qui nous amène à identifier la présence de deux niveaux de colère, lesquels cependant ne sont pas nécessairement en opposition. Nous ne voulons pas faire de distinction comme telle entre les deux, mais plutôt souligner qu'il peut y avoir prépondérance de l'une sur l'autre. Le premier niveau de colère s'appuie davantage sur l'expérience subjective, comme dans l'exemple relaté, alors que le second se justifie simplement par la cause du décès. En effet, la colère ressentie par un proche est tout à fait logique, rationnelle, lorsque la mort survient à la suite d'actes répréhensibles, telles la conduite en état d'ébriété ou d'autres négligences. Il existe des situations encore pires où la mort découle d'un acte délibéré comme dans les cas de meurtres prémédités. La colère alors ressentie par les survivants se passe de commentaires et d'explications.

Outre la prévalence du subjectif sur l'objectif et inversement, selon les circonstances de la mort, il faut dire aussi que la colère inhérente à l'expérience de deuil fait partie de notre condition humaine. Nous nous indignons, nous nous révoltons contre le peu de pouvoir que nous avons sur notre vie comme sur celle des êtres que nous aimons.

Les modalités d'expression de la colère varient d'une personne à l'autre; les individus qui trouvent inacceptable d'exprimer verbale-

41

ment ou gestuellement la colère ont tendance à la réprimer. Aussi est-il important d'en explorer les divers aspects et surtout de parvenir à l'exprimer, de manière à dégager le champ émotionnel et cognitif d'un fardeau qui risque de devenir encombrant dans l'évolution du deuil.

Dans la psychologie populaire, que ce soit dans le discours verbal ou dans certains écrits, on parle souvent de la colère comme d'une étape du deuil. Cette idée est fausse et provoque malheureusement une confusion de termes et de concepts. Bien qu'il y ait une période, surtout au début du deuil, où la colère peut se manifester assez violemment, il est erroné de croire qu'elle constitue en elle-même ou par elle-même une phase du deuil. Si elle apparaît au cours du processus normal de deuil, elle n'est pas pour autant une condition *sine qua non* du bon déroulement de ce processus. À preuve, beaucoup d'endeuillés ressentent peu de colère et parfois même pas du tout, sans pour autant vivre un deuil compliqué.

* * *

Les réactions de **culpabilité** se présentent fréquemment dans le deuil, mais pas toujours. Les causes sont nombreuses et n'ont très souvent aucun fondement véritable, mis à part le besoin de rationaliser les causes possibles du décès ou encore de s'en rendre responsable. Cette attitude peut même devenir une façon de retourner l'hostilité contre sa personne. Alors, l'endeuillé se sentira coupable de tout, de multiples actes ou de manquements à ses devoirs qu'il perçoit comme ayant été néfastes à la personne défunte. Ces faits peuvent remonter jusqu'à une époque où il y eut des problèmes dans leur relation, ou encore être reliés plus directement aux derniers moments passés ensemble, en l'occurrence au cours de l'évolution de la maladie. Tous les gestes, les paroles et les comportements peuvent donner lieu à une autocritique sévère, par exemple: «J'aurais dû agir de telle ou telle façon, éviter de le critiquer, ne pas le contredire, mieux l'écouter, être plus disponible et compréhensif», «Je n'ai pas fait l'impossible, j'aurais dû faire davantage», «Comme je regrette mes mouvements d'humeur, mes reproches ou mes accusations.» L'endeuillé peut aussi se sentir coupable d'avoir contribué plus ou moins directement à la mort de la personne disparue; il se reproche d'avoir manqué de perspicacité ou d'attention à ses besoins, d'avoir agi de façon à susciter les événements fatals. De manière plus ténue ou diffuse, il se sent parfois coupable tout simplement d'être en santé et vivant, de se complaire dans son chagrin, ou encore de ne pas s'occuper assez de ceux qui requièrent ses soins.

Afin de maintenir son équilibre émotif et psychique, il s'avère important d'en finir une fois pour toutes avec la culpabilité, de reconnaître les causes réelles du décès plutôt que d'entretenir l'idée irrationnelle d'un pouvoir de vie et de mort sur l'autre. De toute évidence, il se peut fort bien qu'on ait «nui» involontairement ou non au défunt par certains de nos manquements, entêtements, torts, omissions, erreurs ou maladresses. Ne faut-il pas accepter que, quoi qu'on fasse, on n'est jamais totalement à l'abri des regrets qui découlent de l'acceptation de notre responsabilité envers les autres. Ainsi, les regrets peuvent constituer un excellent stimulant qui nous permet d'améliorer nos rapports avec les autres, et même de progresser dans ce sens.

La culpabilité cache souvent des exigences irréalistes envers soi-même, alors que le regret consiste à admettre s'être trompé et dénote souvent une volonté, un désir de s'améliorer. L'humilité est aussi une forme de reconnaisance de la réalité, sans qu'on porte un jugement de valeur. Sans doute avons-nous tous à admettre notre nature imparfaite, et ce, malgré la meilleure volonté du monde. Nul n'est tenu à la perfection et nul ne peut tout maîtriser selon ses désirs.

Soulignons que beaucoup d'endeuillés ne ressentent pas de culpabilité reliée directement au décès. Au contraire, ils ont la profonde conviction d'avoir agi au mieux de leurs moyens. Ce sentiment est certainement garant d'une plus grande sérénité.

* * *

Le **ressentiment** envers le défunt, c'est-à-dire le fait de lui en vouloir, peut être une source de culpabilité additionnelle pour l'endeuillé. Par exemple, un homme de trente-huit ans se retrouve seul avec trois jeunes enfants à la suite du décès accidentel de sa compagne. Lui viennent à l'esprit les reproches suivants, et d'autres: «Tu aurais dû faire attention! Je t'ai souvent dit que tu conduisais trop vite. Qu'est-ce qui t'a pris de me laisser seul avec trois enfants? Si j'avais su que tu me ferais ce coup-là, je te jure que je ne t'aurais jamais épousée.» Reconnaître l'existence de telles pensées et surtout oser les exprimer n'est pas une tâche facile pour l'endeuillé. Dès qu'elles lui viennent à l'esprit ou qu'il les révèle à autrui, il se peut fort bien qu'il regrette amèrement d'entretenir ce genre de pensées, qu'il se juge sévèrement et, par surcroît, qu'il se fasse encore plus de reproches. Dans cet exemple, on voit que la colère, la culpabilité et le ressentiment peuvent être interreliés.

D'autres formes de ressentiment peuvent être éprouvées lors de la perte d'un proche. Il s'agit parfois d'une forte animosité, voire d'une véritable haine, très légitime et rationnelle quand elle est ressentie à l'égard des présumés responsables du décès (par exemple en cas d'accident qui aurait pu être évité, de meurtre ou de faute professionnelle). Mais il arrive qu'en état de choc, le survivant fasse des reproches au défunt: «Tu n'as pas le droit de me faire ça. Je te défends de me laisser seul. Tu es stupide, tu aurais pu faire plus attention. Je t'en veux de m'abandonner. Tu aurais dû consulter ton médecin.» Il est important que la personne qui éprouve ces réactions les accueille comme un comportement naturel, compréhensible, acceptable et justifié dans les circonstances, et qu'elle ne se sente pas coupable de ressentir et d'exprimer ses sentiments.

Il existe aussi des situations où l'endeuillé a des raisons bien fondées d'éprouver de la **rancune** ou de la **haine** à l'endroit du disparu (dans les cas de viol, d'inceste, de domination ou d'asservissement, de privations, etc.). Ces sentiments ressemblent assez à de la colère et, bien qu'ils puissent être tout à fait justifiés, il n'en demeure pas moins vrai qu'ils engendrent de l'amertume et même de la culpabilité qui prennent parfois une place envahissante dans le deuil. Alors, il peut être capital de parvenir à une certaine forme de pardon, cheminement particulièrement long et douloureux, qui peut même ne jamais être totalement complété.

* * *

Le décès peut aussi provoquer d'abord un sentiment de **soulagement** chez l'endeuillé, particulièrement si la personne défunte souffrait d'une longue maladie dégénérative, mutilante, débilitante, douloureuse, dépersonnalisante ou même avilissante.

Le même phénomène risque de se produire dans le cas de vieillesse avancée qui nécessite des soins assidus et une prise en charge astreignante. Ces situations, parfois très pénibles, entraînent de nombreux bouleversements: fatigue physique, usure émotive, surcroît de responsabilités, charges financières et sociales, perturbations de la dynamique familiale. Il faut bien reconnaître que ces problèmes mettent à rude épreuve l'endurance psychique, émotive et physique des proches. Ceux-ci peuvent en certaines circonstances se sentir coincés entre un engagement, par ailleurs sincère et désintéressé, et le sentiment bien légitime d'être victimes de privations de toutes sortes (manque de temps pour soi, de liberté, de loisirs, de contacts sociaux, etc.).

Dès lors, il n'est pas étonnant qu'ils en viennent parfois à souhaiter la mort de la personne qui est à l'origine de ces frustrations, et ce, malgré les liens d'attachement et d'affection qui les unissent. À plus forte raison parce qu'elles paraissent inhumaines et inavouables, ces pensées risquent fort de susciter des tiraillements intérieurs, voire de véritables problèmes de conscience. Dans ces conditions, on comprend que la mort puisse procurer à l'endeuillé le sentiment d'être délivré de ses tourments et de ses responsabilités. Il est également compréhensible qu'il soit déjà parvenu à un stade avancé de désinvestissement affectif. Toutefois, dans la mesure où l'ambivalence de sentiments soulevée par ce genre de situation est rapidement surmontée, le sentiment de soulagement ne devrait pas perturber le déroulement du deuil.

Il arrive cependant que le sentiment de soulagement éprouvé au moment du décès résulte de la cessation de longs et douloureux conflits entre le disparu et l'endeuillé: forte dépendance, privation d'amour, mauvais traitements, oppression, despotisme, violence, etc. Bien qu'il puisse être perçu comme une forme de **libération** ou d'**émancipation**, le sentiment de soulagement alors ressenti peut malgré tout s'accompagner de sentiments contradictoires et douloureux qui risquent de compliquer le déroulement du deuil. En effet, dans des cas semblables, les aspects pénibles et négatifs de la relation risquent d'obséder le survivant longtemps, de le ramener constamment dans son quotidien aux sources des conflits. La remémoration obsessionnelle de ces conflits et tous les sentiments négatifs qui leur sont rattachés constituent une véritable entrave au désinvestissement affectif.

* * *

La rupture de la relation met parfois en évidence de forts sentiments d'**ambivalence** chez l'endeuillé, à la fois à son égard et à celui de la personne décédée. Les exemples suivants illustrent assez bien ce genre de tiraillement intérieur: «J'y étais très attaché et sa mort me chagrine profondément, mais sa maladie grugeait mes propres forces et je me sens libéré», «Il m'arrivait souvent de le détester à cause de ses comportements et pourtant, je crois que je l'aimais vraiment», «Dieu sait que j'ai tout fait pour l'aider, mais j'aurais peut-être pu en faire davantage», «Je l'aime sincèrement et je ne m'en séparerais jamais volontairement, mais je préférerais qu'il meure», «Je sais qu'elle prenait beaucoup de place dans ma vie de famille et qu'elle se mêlait trop de nos affaires, mais maintenant qu'elle est morte je ressens un vide immense», «C'est peut-être cynique de le dire, mais j'avoue que sa mort règle mes problèmes financiers», «Mon père était dur et cherchait toujours à avoir le dernier mot, il exigeait tellement de moi que je me sens libéré de ne plus avoir à subir son emprise. Pourtant, je reconnais qu'il avait souvent raison de m'aiguillonner et que sa disparition me prive de points de repère et de motivation.»

Beaucoup d'endeuillés se sentent profondément mal à l'aise et même coupables d'éprouver des sentiments contradictoires et, parfois, franchement inavouables, en rapport avec la personne défunte, surtout quand une affection sincère les unissait. Plus ou moins consciemment, l'ambivalence de sentiments peut représenter pour eux une remise en question, voire un désaveu de la relation, alors qu'elle ne fait que mettre en relief certains de ses aspects. Qu'ils soient désavantageux, peu flatteurs, humiliants parfois ou même honteux, ces aspects peuvent exister à l'occasion dans toute relation affective, aussi bonne soit-elle.

L'ambivalence existe chez tout être humain. Ni nos pensées ni nos actes ne peuvent toujours être orientés de manière claire, précise et tranchée. Le psychisme humain comporte des zones et des temps d'instabilité qui se traduisent forcément dans les sentiments et les comportements sous forme de doute et de remise en question, d'incertitude et d'hésitation, d'assentiment et de refus, d'attirance et d'éloignement, même d'amour et de haine. C'est précisément le fait qu'ils s'entremêlent et se superposent qui caractérise l'ambivalence.

Dans son autobiographie, Gabrielle Roy relate les sentiments d'ambivalence qu'elle ressentit quand sa mère fut hospitalisée et qu'elle-même était sur le point de partir à l'étranger: «Dieu me pardonne, j'entrevis qu'au mieux sa maladie allait ronger une bonne part de ce qui provenait de la vente de la maison, que je ne pourrais pas la quitter dans ces conditions, qu'ainsi donc après tout je ne partirais pas.» Puis, quand le docteur lui parla du coût de l'opération nécessaire, elle écrit: «Je lui disais que j'avais à la banque l'argent pour tout régler d'un coup, s'il le fallait... mais que cette somme représentait huit années de petites économies mises bout à bout de peine et de misère dans le but d'aller passer une année au moins en Europe...[1]»

Il est naturel que chacun des individus engagés dans une relation d'attachement se sente désireux de faire certaines concessions afin de s'adapter à l'autre, en même temps qu'il veuille préserver son unicité et affirmer sa personnalité propre. Sinon, la relation constitue davantage un rapport fusionnel plus dommageable que bénéfique. Ainsi, il faut bien reconnaître que toute relation affective peut être occasionnellement empreinte d'états de heurt et d'incompréhension, de colère et d'hostilité, d'envie et de frustration, d'amour et de ressentiment. Cependant, dans la mesure où ils ne remettent pas fondamentalement en cause ni les valeurs individuelles ni le respect mutuel, les sentiments d'ambivalence peuvent être porteurs de prises de conscience élargies, d'ajustements et de développement. Somme toute, ils n'affectent négativement ni la personnalité foncière des individus ni les enjeux majeurs de la relation qui les unit.

1. ROY, Gabrielle. *La détresse et l'enchantement*, Montréal, Éditions du Boréal, 1988, p. 195-198.

Il est inévitable que le deuil provoque une remémoration et une relecture de la relation avec la personne décédée. C'est alors que sont ravivés les questionnements intérieurs, les turbulences et les sources de conflits étroitement liés à la relation, ce qui suscite de douloureuses interrogations et tentatives de rattrapage.

* * *

Le sentiment d'**être abandonné** par l'être cher qui vient de mourir est éprouvé assez fortement par certains endeuillés, particulièrement les conjoints, les enfants, les frères et sœurs qui perdent un aîné, ou encore les personnes très dépendantes affectivement ou autrement. Ce sentiment s'accompagne parfois de manifestations de colère, de ressentiment ou d'hostilité à l'égard du défunt; les endeuillés sont alors enclins à reprocher au disparu d'avoir démissionné et de s'être laissé mourir, ou encore de les abandonner à un sort cruel, voire de les rejeter en mourant. «Tu ne m'aimais pas assez» ou «Tu n'as pas le droit de me laisser maintenant.» Ce n'est pas sans souffrance, gêne, honte et culpabilité que les endeuillés expriment, presque malgré eux et quand ils y parviennent, ce genre de pensées; ils en reconnaissent d'ailleurs la plupart du temps le caractère irrationnel et incongru.

À l'instar d'autres réactions émotionnelles, celle-ci montre comment le désarroi et l'impuissance, la révolte et la privation peuvent amener le survivant à tenir rancune au mort lui-même, un être incarné — même si celui-ci est aussi une victime — plutôt qu'à **la mort**, une entité abstraite et intangible sur laquelle on ne peut se défouler.

Le sentiment d'être abandonné est parfois à peine sensible ou conscient, mais il est plutôt ressenti comme un état d'âme douloureux, une amertume profonde et diffuse plus ou moins reliée aux grands renoncements de l'existence et au concept de finitude. Aussi n'est-il pas exagéré de dire que toute perte affective importante soulève à divers degrés le sentiment d'être abandonné. En effet, il est probable qu'au-delà de la perte elle-même et de ses conséquences, le deuil ravive l'angoisse de la séparation ressentie à des périodes déterminantes de la prime enfance.

* * *

Le deuil amène certaines personnes à se questionner sur leur personnalité, à la fois face à elles-mêmes et en rapport avec la personne décédée. Ce questionnement affecte quelquefois la perception qu'a l'endeuillé de sa propre valeur et soulève en lui un sentiment d'**autodépréciation**.

L'expérience de deuil lui révèle avec acuité qu'il existe aussi en fonction des autres, en particulier de ceux auxquels il est profondément attaché et avec lesquels il a investi dans une relation. C'est précisément parce que la relation comportait un investissement affectif que sa rupture entraîne parfois le raisonnement suivant: «Que représentait cette personne à mes propres yeux et que voyait-elle de si important en moi? Que lui ai-je apporté ma vie durant? Qu'étais-je avant de la connaître et que suis-je devenu par la suite? Que suis-je véritablement sans elle? Je suis et je reste moi-même, et pourtant c'est une partie de mon être que j'ai perdu.»

Tout lien affectif implique un échange. Chacun des protagonistes projette en l'autre une partie de lui-même et introjecte en lui une partie de l'autre. Par conséquent, toute relation d'attachement ne comporte-t-elle pas une sorte de transposition qui fait de chacun le dépositaire, le critique ou le défenseur, le miroir ou l'*alter ego* de ce qu'il est ou souhaite être. Cette inclination naturelle peut atteindre un point de **sublimation** ou d'**idéalisation** exagéré. Couramment associé à la passion amoureuse, cet état affectif existe aussi, souvent, plus insidieusement, dans diverses formes de relations. Mais il comporte un piège. En effet, si l'individu investit trop en fonction des valeurs, des attentes et des qualités de l'autre, il risque de ne pas assouvir ou même de brimer les siennes; à trop se subordonner à l'autre, il risque de développer ou d'entretenir une perception erronée de lui-même et, à la limite, de s'effacer et de se dévaloriser, puis d'invalider ses qualités propres. C'est ce qui ressort parfois dans le processus de deuil. Bien au-delà du simple sentiment d'**incompétence** ou d'**inaptitude** relié à l'incapacité d'assumer certaines tâches, l'endeuillé risque d'éprouver de manière diffuse des sentiments de **dévalorisation** ou de **mésestime de soi** qui dénotent un bouleversement ou, à tout le moins, une remise en question de ses assises personnelles. Toutefois, là comme ailleurs, il importe d'observer avec nuance l'ampleur et la persistance de ses sentiments, en quoi et comment ils affectent la perception qu'a l'endeuillé de lui-même et de son existence.

* * *

Nous venons de voir que les réactions physiques, cognitives, comportementales aussi bien qu'émotionnelles sont étroitement interreliées: un état physique peut affecter l'humeur, et vice versa; certaines émotions peuvent avoir une influence sur les connaissances et les perceptions tout aussi bien que le savoir peut orienter les sentiments. Finalement, c'est un ensemble de sensations, de valeurs, d'idées, de perceptions, d'attitudes et de sentiments conjugués qui se traduit dans les comportements. Dans l'exploration que nous venons d'en faire, nous avons présenté séparément les manifestations du deuil afin de mieux les comprendre et d'être en mesure de cerner leurs causes et caractéristiques particulières, et non pas pour les dissocier.

Il faut donc insister sur le fait que ces réactions ne sont pas forcément isolées, tant s'en faut, et qu'elles s'imbriquent les unes dans les autres, se chevauchent et se télescopent, s'influencent réciproquement tout en révélant parfois des prédominances dans l'état global de la personne endeuillée.

De plus, comme nous l'avons déjà souligné, l'être humain ne vit pas en vase clos, totalement isolé de ses semblables. Ses pensées, ses attitudes, ses gestes et ses états d'âme, aussi intériorisés soient-ils, sont étroitement reliés à ceux d'autrui. Tout ce qui arrive et affecte l'individu se prolonge forcément au-delà de sa sphère personnelle. Il est donc inévitable que la plupart des réactions énumérées dans ce chapitre aient des répercussions sur les plans relationnel et social.

50

Figure II

Interrelations des effets du deuil

Temps de réflexion
Les manifestations normales du deuil

- Quelles sont mes propres réactions aux quatre niveaux décrits dans ce chapitre?
  Je note mes observations sur les plans:
  — physiologique;
  — cognitif;
  — comportemental;
  — sentimental et émotionnel.

- Est-ce que j'essaie de comprendre mes réactions?
  Que m'apprennent-elles sur moi-même?
  Quelles sont celles qui me troublent le plus et que je souhaiterais voir s'apaiser?
  Lesquelles me paraissent appropriées, adéquates?

- Suis-je porté à me juger sévèrement en présence d'une réaction ou, au contraire, à l'accepter?

- Je note les changements qui se sont opérés depuis le début de mon deuil.
  Quelles manifestations ont disparu ou se sont atténuées?
  Quelles réactions persistent ou sont apparues dernièrement?

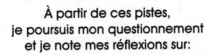

**À partir de ces pistes,
je poursuis mon questionnement
et je note mes réflexions sur:**

Mes réactions physiques

Mes réactions cognitives

Mes réactions comportementales

Mes réactions sentimentales et émotionnelles

Ce qui peut nuire

- Penser que je suis anormal d'éprouver ceci ou cela; me juger sévèrement;

- Rester dans la confusion au lieu de chercher à me comprendre;

- Croire que je devrais réagir comme mon voisin; me comporter selon les attentes de mon entourage;

- Tout accepter avec fatalisme et penser que je ne peux rien changer ou que seul le temps peut changer les choses;

- Ne compter que sur les ressources extérieures.

Ce qui peut aider

- Nommer et analyser mes réactions; autrement dit, commencer à faire un tri; procéder à une mise en ordre;

- Reconnaître que l'expérience que je vis actuellement est personnelle, unique;

- Demander à mon entourage d'être tolérant et patient;

- Accepter d'éprouver des sentiments contradictoires et d'avoir des réactions inhabituelles; chercher ensuite à les comprendre, à m'y adapter ou à les changer s'il y a lieu;

- M'informer, me documenter, pour m'aider à reprendre la maîtrise de ma vie;

- S'occuper des priorités;

- Veiller à ma santé;

- Demander de l'aide au besoin.

Ce qui me nuit actuellement
ou pourrait me nuire

Ce qui m'aide actuellement
ou serait susceptible de m'aider

Chapitre 2

Les déterminants du deuil

Si un événement donné, quel qu'il soit, est objectivement le même pour tous, sa réalité subjective diffère selon la façon dont il est perçu et vécu. On sait que chaque personne réagit différemment aux événements de l'existence et qu'il y a autant de réactions possibles qu'il existe d'individus.

Une éclipse de soleil ou l'assassinat d'un premier ministre sont des événements qui ne peuvent être changés, mais leur perception est fonction de facteurs individuels. De sorte que si la réalité est le caractère de ce qui existe effectivement, le regard qui la saisit et le sentiment qui l'accueille la modulent en d'infinies variations. Et, à supposer que le témoin d'un événement le revive dans un temps et des circonstances différentes, ses réactions ne seraient certainement pas les mêmes.

En ce qui concerne le deuil, il y a quatre grandes sphères d'influence qui déterminent la nature et l'ampleur des réactions des individus touchés, en d'autres termes la façon dont il est vécu:

— la **personnalité** de l'endeuillé;

— la **relation** qui existait **avec le défunt**;

— les **circonstances du décès**;

— les **facteurs subséquents**.

Les deux premiers facteurs sont prédisposants puisqu'ils ont contribué à la formation du terrain sur lequel se produit la faille. Le troisième se rapporte à l'événement déclencheur du deuil, c'est-à-dire le décès et tout ce qui le précède et lui succède immédiatement. Quant au dernier groupe, il est constitué d'éléments reliés aux conséquences de la perte et à divers facteurs entravant ou facilitant la résolution.

Certains de ces facteurs ont une influence capitale, tandis que d'autres n'ont qu'une importance relative. Cependant, chacun de ces déterminants peut influer positivement ou négativement sur le déroulement du deuil; autrement dit, en faciliter ou, au contraire, en retarder ou en entraver la résolution.

La personnalité de l'endeuillé

Indépendamment des faits et des circonstances entourant le décès, la personnalité de l'endeuillé est peut-être le facteur déterminant le plus important dans sa façon de vivre, de traverser et de solutionner la crise du deuil.

La personnalité de l'endeuillé se réfère à la fois à son âge, à son sexe, à son statut, à sa culture ainsi qu'à la place et au rôle qu'il occupait dans la relation qui le liait au défunt. Ces caractéristiques sont à elles seules des éléments influents.

La santé physique et mentale est une autre condition qui oriente le deuil. La capacité de saisir la signification de l'événement et d'en évaluer les conséquences est largement fonction des facultés mentales de l'individu qui subit cet événement. Par ailleurs, un état de santé physique précaire ou mauvais peut amoindrir les capacités d'endurance et compromettre la mise en œuvre des moyens adaptatifs. Il est évident qu'une intelligence claire de la situation ou la force et l'énergie physique requises pour affronter le deuil concourent à en faciliter la résolution.

Plus intrinsèquement, la personnalité d'un individu se compose de ses traits de caractère, ses attributs particuliers, ses prédispositions spécifiques, ses talents, ses dons, ses facultés, ses qualités et ses aptitudes, bref, de ce qui constitue son identité profonde. C'est mystérieux, mais l'individu dégage de ce bagage des inclinations, des tendances, des forces, des penchants qui, même s'ils lui sont propres, vont se modeler au contact de l'environnement. Les valeurs et les croyances qu'il choisira d'adopter ou de rejeter, les attitudes qu'il va développer pour faire face à la vie seront largement influencées par son éducation et les modèles reçus, les dictées parentales, les prescriptions de l'environnement ainsi que les principes philosophiques ou religieux qui lui auront été inculqués. Les goûts, les intérêts et les attirances éprouvés spontanément envers tel objet ou tel sujet seront encouragés ou, au contraire, découragés.

Quant à savoir ce qui prédomine chez un individu donné, nous convenons que le vieux débat entre l'inné et l'acquis est loin d'être terminé. Une chose est certaine: ce qui est inné chez l'individu en matière d'aspirations ou de potentialités sera toutefois amené à se développer plus ou moins en fonction du milieu particulier et des apprentissages qui y sont valorisés.

Il faut bien reconnaître aussi que nous ne naissons pas tous égaux. En effet, certaines personnes semblent avoir reçu davantage de la vie: leur force de caractère ou leur capacité de faire face aux épreuves paraît plus grande ou meilleure si on les compare à d'autres. Le fait qu'un individu réagit plus facilement lors d'un événement déstabilisant comme le deuil s'expliquerait beaucoup par sa personnalité.

À preuve, chez certaines personnes, des événements perçus comme inacceptables, étrangers ou dommageables à leur système fondamental peuvent être refusés d'emblée ou acceptés à leur corps défendant, ou encore soulever une indignation à jamais inapaisée. Chez d'autres, le même événement crucial, bien qu'il remette en question leur système de croyances, est assimilé progressivement, souvent, il est vrai, au prix d'une grande souffrance, mais il devient plus aisément partie intégrante de leur système remodelé. Donc, ce sont à la fois le phénomène en soi, c'est-à-dire le processus de deuil, et l'épiphénomène, c'est-à-dire les traces qui marquent l'être éprouvé, qui sont évolutifs. C'est en ce sens qu'on parle d'une modification du modèle de soi et du monde dans l'intégration de la perte.

L'histoire personnelle de l'endeuillé est profondément marquée par son profil psychologique. L'inverse étant tout aussi vrai, il est impossible de dissocier l'expérience vécue de la personnalité;

deux individus ne peuvent éprouver pareillement une même expérience, chacun ayant sa personnalité propre.

Chaque individu a sa façon très personnelle d'envisager la vie, d'affronter les difficultés et de réagir aux événements qui le bousculent. On parle ici des attitudes, des manières d'être et des fonctionnements qui deviennent presque des réflexes parce qu'ils ont été utilisés pendant longtemps, mis de l'avant plusieurs fois, dans plusieurs circonstances. On peut dire que ces façons d'être, d'agir et de réagir au quotidien demeurent sensiblement les mêmes lorsque la personne est soumise aux aléas de la vie. Il est plutôt rare que ces façons d'être diffèrent de nos référents habituels ou qu'elles se situent complètement en dehors de nos schèmes de pensée et de comportement. Selon les circonstances, elles peuvent varier ou revêtir de nouvelles formes, mais la plupart du temps elles restent en lien avec la personnalité foncière de l'individu.

Le passé d'une personne fait partie de sa personnalité: ici, histoire et personnalité s'imbriquent, s'emboîtent l'une dans l'autre comme des pièces maîtresses d'un même ensemble, d'une même construction.

L'histoire propre à chaque endeuillé est faite principalement de son vécu et de ses racines personnelles au sein de sa famille immédiate, des événements et des expériences qui ont jusqu'à maintenant marqué sa vie, de sa carrière et de ses choix professionnels, de sa vie amoureuse, de ses échecs comme de ses réussites, de ses chances et de ses malchances, bref, de tout ce qui constitue l'apprentissage même de la vie. C'est pourquoi nous disons que l'expérience du deuil s'insère dans l'histoire personnelle du survivant en lui conférant à la fois un caractère unique et subjectif.

Les confrontations antérieures aux événements dramatiques, particulièrement à la mort, influent de façon significative sur les réactions de l'endeuillé. Certains facteurs spécifiques entrent ici en ligne de compte. Si, dans son enfance, une personne a été témoin du décès paisible de son grand-père, il y a de fortes chances pour que ce premier contact avec la mort puisse lui servir à l'apprivoiser plus tard, bien qu'il soit arbitraire de croire qu'on puisse s'y préparer à l'avance. Une chose est certaine, ce premier contact laisse toujours un souvenir indélibile. Si, au contraire, une personne est pour la première fois confrontée à la mort d'un être cher à quarante ans, et que les circonstances entourant cette disparition revêtent un caractère dramatique, son premier contact avec la mort peut s'avérer brutal et traumatisant. La mort risque alors d'être perçue de manière beaucoup plus négative.

De même, si un décès survient peu de temps après la disparition d'une autre personne significative, ou ravive un deuil plus ancien, la déstabilisation de l'endeuillé risque évidemment d'être plus grande. Le facteur cumulatif est parfois capital, et ce, même si l'endeuillé est relativement jeune. L'accumulation de pertes importantes, par décès ou autrement, peut susciter des sentiments d'absurdité, d'injustice, nourrir la peur de l'échec, de l'engagement ou de l'attachement, et même, à la limite, donner l'impression d'avoir eu un rôle à jouer dans ces disparitions. Voici des commentaires de personnes qui ont subi plusieurs pertes significatives dans un laps de temps relativement court: «On dirait que j'ai un mauvais sort; chaque fois que je m'attache à quelqu'un, je lui porte malheur», «J'ai l'impression que le destin s'acharne contre moi», «Ma vie n'est pas remplie d'amitiés, mais de trous, de vides, d'absences», «J'ai plus d'amis et de connaissances au cimetière que dans la vraie vie.»

Les épreuves imposées par la vie font partie intégrante de l'histoire de l'endeuillé et elles aussi modèlent sa personnalité. Mais ce qui importe également, c'est la façon dont la personne compose avec ces événements. En quoi ces expériences de perte modifient-elles son système personnel? Quels sont les enseignements qu'elle en retire ou les apprentissages qu'ils occasionnent?

La personnalité de l'endeuillé comporte toujours des éléments majeurs souvent sous-estimés tels ses facultés de rebondissement, ses forces morales, ses raisons de vivre ainsi que les moyens qu'il met en œuvre pour s'adapter aux nouvelles situations et pour atteindre ses objectifs, bref, tout ce qui constitue ses ressources intérieures.

La relation qui existait avec le défunt

Ici, il sera question des trois aspects de cette relation: la nature, la durée et la qualité.

Il y a **relation** lorsqu'un lien de dépendance ou d'influence mutuelle s'établit entre deux personnes. Cependant, il faut distinguer le type de lien dont il s'agit et répondre à la question suivante: quelle est sa nature? qu'est-ce qui le caractérise, le définit?

Puisque c'est le propre de l'être humain de réagir à son environnement par des états affectifs, toute entrée en relation, tout contact avec son semblable comporte forcément une valence affective. Mais la part d'affectivité engagée au sein de la relation dépend toujours du **type de lien** qui unit les êtres.

Par définition, une **relation affective** est caractérisée par l'échange de l'affectivité des individus, c'est-à-dire de tout ce qui concerne le monde des sensations, des émotions, des passions et des sentiments. Il y a aussi le phénomène des besoins et de leurs satisfactions qui intervient sur le plan de l'attachement affectif. Par exemple, les relations qui s'établissent normalement entre amis, entre frères et sœurs ou entre conjoints, nécessitent un investissement affectif. D'évidence, on admettra que le degré d'affectivité au sein de la relation mère-fille est beaucoup plus élevé que celui qui existe dans la relation d'un notaire avec son client.

Pour qu'un individu se sente en deuil, il faut que la relation qui existait avec le défunt ait occupé un espace affectif signifiant (qui a du sens, de la valeur) et, plus encore, suffisamment significatif (touchant, émouvant, attachant). D'ailleurs, nous disons en parlant d'une personne chère décédée qu'elle occupait une grande place dans notre vie.

Si c'est souvent le statut des individus qui détermine si la relation qu'ils entretiennent est affective ou non, ce n'est cependant pas le seul élément déterminant. Il n'est pas rare qu'une relation évolue et se modifie en cours de route. Fondée initialement sur un lien de besoin, de pouvoir ou de service, il se peut que la relation se transforme en relation amicale et implique par le fait même une grande part d'affectivité. Par exemple, une aide-ménagère fait maintenant partie de la famille; un client fidèle devient copain avec le propriétaire du dépanneur; les enfants finissent par appeler leur gardienne «tante»; deux amis de longue date en viennent à se considérer comme des frères. D'emblée, on ne peut donc pas présumer du degré d'affectivité qui existe entre des personnes en se basant uniquement sur le type de rapport qui a présidé au développement de la relation puisque celle-ci peut évoluer.

Dans le domaine des relations affectives, il existe principalement deux types de liens particuliers. Tout d'abord, le **lien de parenté**, c'est-à-dire celui du sang ou d'appartenance à une même famille. Ensuite, il y a des **liens d'affinités profondes** que nous reconnaissons avoir avec certaines personnes, soit parce qu'elles aident à notre développement ou que nous contribuons au leur, dans le sens d'une participation, soit que nous ayons des choses importantes en commun, c'est-à-dire que certains traits essentiels de notre personnalité se retrouvent chez cette autre personne. Il arrive qu'une relation de parenté puisse se doubler d'une relation d'affinités profondes, mais ce n'est pas toujours le cas. La relation d'affinités profondes peut se nouer, par exemple, avec un parent mais aussi avec un conjoint, un ami, un collaborateur ou un enseignant.

Même s'il y a présence d'affects dans toute activité humaine relationnelle, toutes les relations que nous entretenons avec nos semblables ne deviennent pas affectives pour autant. À proprement parler, de nombreuses relations entre humains ne comportent pas ou très peu de liens d'ordre affectif. C'est souvent le cas des rapports qui s'installent entre employeur et employé, vendeur et client, propriétaire et locataire, ou enseignant et élève.

À la question «qui meurt?» — posée plus loin à la rubrique «La personne du défunt» — s'ajoutent encore pour l'endeuillé d'autres questions relatives à la nature de cette relation: qu'est-ce que je perds exactement avec son départ? quel genre de relation avions-nous développé? quelle place avait-elle dans ma vie et moi dans la sienne? que nous sommes-nous apporté mutuellement? Voici quelques exemples qui illustrent la vraie nature de la relation qui existait entre le défunt et le survivant, ainsi que le contenu qui y était associé: «Elle n'était pas seulement ma mère. Avant tout, elle était une grande amie, une confidente», «Mon grand-père m'a tellement appris sur les choses de la vie, c'était un homme sage et compréhensif. Je ne pourrai plus désormais profiter de son expérience, de ses conseils, de son savoir», «Mon épouse a toujours su me motiver, m'encourager. Elle croyait en moi et je pouvais m'appuyer sur elle. Comme elle était stimulante! C'était elle le "moteur" de la maison», «Cet homme qui œuvrait auprès des jeunes du quartier débordait d'idées et d'énergie. Ses protégés regretteront son enthousiasme et son dynamisme.»

• *La durée de la relation*

Toute relation affectivement significative est façonnée par le temps. Positivement ou négativement, celui-ci y joue un rôle primordial. Le temps laisse des traces indélébiles, façonne les individus. Une relation affective importante se fonde toujours sur la continuité et les échanges. À cause des événements qui surviennent au cours des années, les protagonistes d'une relation durable développent une histoire commune, un «être ensemble», un «nous» véritable.

En matière de durée, la relation peut avoir été longue ou brève, les rapports maintenus de façon continue ou sporadique, mais ce qui importe le plus, c'est que cette relation ait pu bénéficier d'un temps suffisant pour permettre l'élaboration d'un lien affectif. Ce lien peut aussi être très important, très puissant, indépendamment de la qualité de son contenu.

S'il est vrai que perdre sa mère peut faire très mal, la perdre à trois ans, douze ans, vingt ans, trente-cinq ans, cinquante ans ou soixante-cinq ans ne soulève pas la même affliction. Si une relation dure depuis longtemps, il y a de fortes chances qu'elle ait davantage de contenu affectif, que celui-ci soit riche ou pauvre. Mais le facteur durée ne doit pas être pris isolément, car il fait vraiment partie d'un ensemble de circonstances.

Le fait qu'une relation ait été de courte durée ne signifie pas que le détachement soit plus facile à effectuer. Prenons le cas d'un homme d'âge mûr qui, après bien des déboires amoureux, trouve enfin la compagne idéale, la véritable âme sœur, et qu'après trois ans de vie commune, en parfaite harmonie, celle-ci décède subitement. Cet homme ressentira sans doute cette perte affective très cruellement, d'autant plus que la relation était bienfaisante. Dans ce cas, le temps pourrait devenir un élément négatif dans la perception de l'événement par le deuilleur et constituer une entrave au processus de deuil.

Par contre, le fait qu'une relation ait duré longtemps n'en fait pas pour autant une relation satisfaisante quant aux contenus affectifs. Un homme de soixante-deux ans ayant perdu sa mère âgée de quatre-vingt-cinq ans regretta amèrement de ne jamais s'être senti près d'elle. Voici ce qu'il en dit: «Malgré une certaine régularité dans nos rapports, j'ai rarement eu le sentiment qu'elle s'intéressait vraiment à moi, à mes projets, à ma petite famille. J'ai toujours vécu comme un étranger à côté d'elle. J'ai porté l'attente, longtemps inavouée, qu'elle me manifeste un intérêt sincère, qu'elle me témoigne une véritable affection. Jamais nous n'aurons parlé franchement tous les deux, je veux dire à cœur ouvert.»

On note souvent que le temps, en matière de durée, peut constituer un facteur aidant pour le survivant d'un couple (à condition que la relation ait été suffisamment positive dans son ensemble). N'entendons-nous pas parfois ce genre de propos dans la bouche d'un veuf ou d'une veuve: «Au moins nous aurons été ensemble pendant quarante ans. J'en remercie le bon Dieu.»

D'autres commentaires recueillis auprès d'endeuillés mettent en relief à leur façon l'empreinte du temps et la poursuite des échanges dans la durée de la relation: «On se voyait une fois par an, rarement plus, mais chaque fois c'était comme si nous nous étions quittés la veille. On se retrouvait tels que nous avions toujours été», «Même si je connaissais cette personne depuis peu, elle n'en a pas moins marqué ma vie pour longtemps», «C'est affreux, ce départ précipité, nous n'avons même pas eu le temps de nous connaître, de nous apprécier», «Son absence est terrible. Après cinquante ans de mariage, quel trou affreux dans ma vie!»

En résumé, le continuum — passé-présent-futur — occupe toujours une place importante dans la relation qui nous unissait au défunt, puisque le temps a contribué à la bâtir et à l'orienter.

• La qualité de la relation

Outre la nature et la durée de la relation, la qualité est un élément majeur dans la façon de percevoir et de ressentir la coupure des liens.

Le mot **qualité** est pris ici dans deux sens: comme synonyme de **manière d'être**, d'**attribut** (ce qui caractérise une chose) et également comme synonyme de **valeur** (ce qui rend une chose bonne, meilleure, recommandable).

Dans les deux sens du terme, la notion de qualité demeure subjective puisque c'est souvent une question de perception de la relation. Certaines personnes expriment peu ou maladroitement leur affectivité et n'en sont pas moins très attachées, tandis que d'autres associent la qualité des échanges à leur fréquence ou à leur intensité. Pour d'autres encore, ce sont plutôt les notions de persistance, de constance, de fidélité ou de loyauté qui prédominent.

Interdépendants que nous sommes avec nos semblables, nous cherchons tous notre bien tel que nous le percevons, mais cette perception peut être juste ou erronée. À tort, nous pouvons croire que telle personne est en mesure de répondre à nos attentes, alors que dans les faits, elle ne l'est pas. Nous la percevons d'une façon parce que, selon notre schème de pensée, il nous semble que ce devrait être la bonne. Ainsi, le très jeune enfant est en droit de s'attendre à être aimé de sa mère, même si celle-ci ne peut l'aimer, pour quelque raison que ce soit.

Comme nous sommes des êtres avec des besoins précis, les relations que nous entretenons au cours de la vie avec les membres de notre famille immédiate, aussi bien que celles que nous engageons avec de nouvelles personnes, mettent en évidence la recherche de réponses satisfaisantes à nos besoins normaux. Nous entendons par là le besoin fondamentalement humain d'aimer et d'être aimé, ainsi que celui de gagner une certaine considération positive de la part des autres et de la ressentir vis-à-vis de soi.

Si l'attachement normal envers une autre personne requiert un minimum de satisfaction à ses besoins de base, il existe cependant des attachements qui se fondent sur des besoins non satisfaits, qui deviennent alors des attentes, des manques, des vides, des trous à combler. C'est ce qui explique en bonne partie l'existence de relations affectives, néanmoins significatives, où prédomine, par exemple, un important rapport de force, de dépendance, de soumission, de privation ou d'ambivalence. Ces relations construites sur un tissu affectif inadéquat ou déficient seront qualifiées de relations pauvres, superficielles, carentielles, conflictuelles ou défectueuses.

Il est important de retenir que la **qualité** de la relation est constituée avant tout par la **trame des liens significatifs**, c'est-à-dire les véhicules de communication par lesquels les personnes ont échangé leurs états affectifs, que ces véhicules soient appropriés ou non. Ainsi, la nature de la relation, sa durée et sa qualité font en sorte que s'est installé un type d'échange particulier, plus ou moins vitalisant, plus ou moins valorisant en matière de qualité, et que c'est dans ce rapport réciproque que les personnes ont engagé et investi leur être. Aussi, le fait que la relation ait été «bonne» ou «mauvaise» peut faciliter ou, au contraire, compliquer le processus de deuil.

Les circonstances du décès

Ce sont celles qui entourent l'événement de la mort, qui colorent l'expérience, la fixent et la cristallisent à jamais. En résumé, il s'agit de tout ce qui caractérise l'événement, un peu avant, pendant et juste après, et qui joue un rôle significatif pour le survivant, même sur un plan purement subjectif.

Si les circonstances ne peuvent être modifiées, ce qui compte n'est pas ce que, en fait, elles sont ou ne sont pas, mais bien davantage leur représentation dans l'esprit et les sentiments qu'elles suscitent chez l'endeuillé.

Par exemple, un homme de cinquante ans foudroyé par un infarctus en présence de sa femme et de son fils a fait une belle mort pour l'un et une très mauvaise pour l'autre. En effet, pour le fils qui redoutait une longue agonie, le père est mort rapidement en présence des deux êtres qu'il aimait le plus au monde. Mais pour l'épouse qui souhaitait que son mari survive à son attaque, au moins quelques heures, pour qu'elle puisse lui parler, le réconforter et peut-être recueillir ses dernières paroles, pour elle, donc, ce décès subit s'apparente à une mauvaise mort car elle aurait voulu «voir venir».

Aussi, les mêmes causes de mort n'induisent pas forcément les mêmes réactions face au décès. Les circonstances du décès englobent différentes réalités que nous explorerons une à une:

— le genre de mort;

— les événements qui ont précédé le décès;

— le décès proprement dit;

— la personne du défunt;

— les funérailles.

• *Le genre de mort*

Il s'agit d'un facteur important dans la résolution du deuil, car il influe sur la perception qu'ont les survivants de la mort en général, de celle de leurs proches et surtout de leur propre mort. Pour les survivants, la mort peut alors présenter un visage affligeant et torturant ou, au contraire, calme et presque amical, et ils en gardent cette impression le reste de leur existence.

L'homme sait que sur terre rien n'est éternel et que lui-même disparaîtra un jour. Mais qu'est-ce qui révolte le plus l'être humain, la finitude elle-même en tant que réalité biologique inhérente à la vie ou le moment et la façon dont elle advient? Puisque la mort est fatale et inéluctable, il serait souhaitable pour la paix des vivants qu'elle survienne dans des conditions humainement acceptables.

Les expressions «mourir de sa belle mort», «mourir en pleine santé», «s'éteindre en douceur», «s'endormir pour ne plus se réveiller» traduisent bien le souhait que nous formulons tous d'une mort douce et naturelle, comme si la mort en soi était surnaturelle ou artificielle, comme si, à la limite, elle ne faisait pas partie intégrante de la nature humaine. Souvent, elle est perçue comme un accident de parcours, une erreur, un événement qui aurait pu ou aurait dû être évité. Et pourtant chacun, dans son for intérieur, sait que la mort est incontournable justement parce qu'elle est «naturelle», qu'elle fait partie de la vie.

Cependant, dans le langage courant, on considère la mort comme **naturelle** quand elle constitue l'aboutissement normal de l'existence. Plus encore, la mort naturelle est associée à la cessation d'une vie bien remplie au terme d'une heureuse vieillesse. Malheureusement, cet idéal n'est pas souvent atteint, tant s'en faut. Et d'ailleurs, sur quoi se fonde-t-il? Qu'est-ce qui caractérise le **cours normal de l'existence**, une **vie bien remplie**, une **heureuse vieillesse**? Quel est le **terme souhaitable** de l'existence? Ces concepts sont individuels et, somme toute, bien relatifs.

L'expression **«mort soudaine»**, quant à elle, désigne habituellement une mort qui survient brusquement, sans que rien ne l'ait laissé présager. Considérons cependant le contexte dans lequel ce type de mort se produit. À proprement parler, une mort soudaine peut tout de même avoir été **prévisible** (par exemple, comportements et professions à risques ou maladies particulières), même si elle n'était pas **prévue** au moment où elle est survenue. Que la mort subite constitue ou non un événement très dramatique dépend de plusieurs paramètres liés à la cause même du décès (infarctus, accident, suicide et autres). Toutefois, c'est généralement son caractère prématuré, inattendu, ainsi que l'effet de stupeur qu'elle provoque qui prédominent dans ce genre de situation.

Diverses conditions peuvent concourir à une **mort anticipée**: une longue maladie, les suites inéluctables d'un accident, une malformation congénitale, un mauvais état de santé, des comportements à risques, etc. Bien qu'il ne provoque pas d'effet de stupeur, c'est-à-dire de grande surprise, ce genre de mort n'en demeure pas moins souvent très pénible. Le fait que la mort soit prévisible permet souvent aux survivants de s'y résigner plus facilement, mais il ne faudrait pas en conclure pour autant que toutes les morts anticipées sont forcément mieux acceptées. Il est néanmoins certain qu'en bien des cas l'anticipation constitue une forme de préparation et permet de s'adapter plus facilement à l'événement prévu, et ce, avant même qu'il se produise.

Toutefois, certaines morts n'entrent dans aucune de ces catégories parce que leur **cause** peut être subite, c'est-à-dire survenir sans avertissement, tout en amenant le décès plus tard. C'est parfois le cas d'une noyade, de troubles internes, tels un accident cérébro-vasculaire ou une embolie, de certains accidents de la route ou autres, où le laps de temps écoulé entre l'événement fatal et le décès est relativement court. Ce type de **mort en deux temps** est particulièrement pénible pour les survivants, lesquels vivent à la fois l'état de choc provoqué par l'accident et l'anticipation du dénouement à court terme. Il arrive aussi que le décès consécutif à l'accident se produise beaucoup plus tard. Dans ce cas, la mort ne peut être considérée comme subite mais plutôt comme anticipée, avec toute la souffrance que l'attente peut comporter.

D'ailleurs, soit une mort dite naturelle, soit une mort anticipée depuis longtemps peuvent survenir d'une façon soudaine et prématurée. On comprend facilement qu'il existe une différence fondamentale entre la **cause** et le **déroulement** du décès.

• *Les événements qui ont précédé le décès*

Le rappel du passé — la relecture de la vie — constitue une phase importante du processus de résolution du deuil. Mais, au moment du décès, il ne s'agit pas vraiment, pas encore, d'effectuer un bilan du vécu partagé avec le défunt. C'est plutôt le passé immédiat qui revient alors en force à l'esprit du survivant. Il s'ensuit une sorte de procès des événements reliés au décès ou perçus comme tels. L'endeuillé tente fréquemment de montrer aux autres ou de se prouver à lui-même pourquoi et comment le décès s'est produit, pourquoi et comment il aurait pu ne pas se produire. Il cherche à discerner les causes sur lesquelles lui ou d'autres protagonistes auraient pu ou non exercer une influence déterminante. Mais comme il est confronté, d'une part, à l'impossibilité de tout expliquer ou justifier et d'autre part, à l'inexorable brisure de la relation, qui empêche tout rattrapage immédiat, le deuilleur est souvent porté à s'accuser, à juger sévèrement ses gestes et paroles ultimes et les derniers comportements du défunt.

Bien sûr, l'inverse est également vrai et fréquent. De nombreux endeuillés, bien qu'atteints profondément par le chagrin et troublés par le mystère de la mort, expriment avec sérénité leurs sentiments et affirment que tout est pour le mieux, que rien ni personne ne pouvait modifier le cours des événements, et que tout ce qui pouvait être dit ou fait l'a été. Dans ces conditions, le visage de la mort est souvent moins cruel aux yeux de ceux qui restent.

Nous avons évoqué la période très variable et plus ou moins longue qui peut s'écouler entre la cause du décès et sa survenance. Pendant ce laps de temps, que s'est-il passé entre le défunt et son entourage? Quels mots, quels gestes ont été échangés, partagés? Lors du décès proprement dit, beaucoup d'endeuillés sont préoccupés par les questions suivantes: quelle a été la dernière pensée du mort? a-t-il prononcé une parole? a-t-il réclamé quelqu'un à son chevet? quelles émotions semblaient l'habiter? que s'est-il passé de particulier, d'inhabituel, de troublant? Ces questions surgissent souvent de façon cruciale, surtout dans les cas de mort subite et tout particulièrement si la personne était seule au moment de son décès. Alors, ceux qui l'aimaient, ses proches en l'occurrence, ont besoin de savoir, de comprendre comment la mort s'est produite et, surtout, si l'être cher l'a ou non vu venir. La plupart des endeuillés expérimentent d'une façon ou d'une autre ce genre de questionnement par rapport aux derniers instants de la vie et de la rupture. Outre le moment du décès et toutes causes de mort confondues, d'autres facteurs circonstanciels peuvent aussi moduler la perception et l'expérience de la mort d'un proche. Dans le cas d'un accident, on se demandera, par exemple, si la personne est morte sur le coup ou si elle a connu une période de peur, de souffrance, de survie. Et si oui, dans quelles conditions? Était-elle seule ou entourée? L'a-t-on bien soignée? Était-elle défigurée, mutilée, ou méconnaissable? Tous ceux qui désiraient l'accompagner le pouvaient-ils? Les proches ont-ils pu l'assister au moment du décès ou sont-ils arrivés trop tard? Ont-ils été témoins ou les a-t-on informés de l'événement? Dans ce dernier cas, la façon dont ils ont été prévenus peut induire une construction mentale erronée ou amplifiée de l'événement; bien souvent, cette perception subjective s'accompagne d'un fort sentiment de doute, de méfiance, d'incertitude quant au déroulement réel des faits. Elle suscite même des questions qui resteront à jamais sans réponses.

Autant de facteurs circonstanciels qui peuvent influer sur le deuil qui s'amorce.

• *Le décès proprement dit*

Le décès est l'instant où la vie finit. Toutefois, il n'arrive pas exactement au moment de l'arrêt des fonctions biologiques. Le mot

décéder vient du latin *decedere*, qui signifie **s'en aller.** Dans les cas de mort soudaine, l'espace-temps où la vie se retire peut être d'une rapidité fulgurante, déconcertante, comme il peut durer quelques secondes ou quelques minutes. On dira alors que le décès s'est produit de façon instantanée ou quasi instantanée.

Mais le décès peut aussi s'étendre sur une période plus ou moins longue, comme dans le cas des morts lentes. L'espace-temps qui précède le moment fatidique s'inscrit plutôt dans un lent processus. On ne dit pas alors que la personne décède, on dit plutôt qu'elle est en train de mourir. On parle de sa mort en se référant au moment éventuel de la cessation de sa vie, tandis qu'on parle de son mourir comme d'une lente extinction. Et ce temps du décès (le mourir) peut être très long; pendant cette période, le mourant (le décédant), malgré sa condition virtuelle de mort, fait encore partie du monde des vivants, et ce, jusqu'au dernier souffle qui parfois n'en finit plus, qui n'est plus qu'une onde à peine perceptible. L'être qui, jusqu'à ce moment, était encore animé de pulsations de vie, si minimes soient-elles, s'éteint et n'est plus l'instant d'après. À ce moment précis, si mystérieux et troublant pour les proches qui en sont témoins, la mort devient réelle et c'est alors seulement que le trépas survient.

Ce temps du mourir, qui correspond non seulement au décès proprement dit, mais aussi aux quelques heures et jours qui le précèdent, laisse une empreinte dans la mémoire des survivants.

• *La personne du défunt*

Au cours de notre existence surviennent une multitude de morts dramatiques. À travers les médias, nous devenons des témoins plus ou moins lointains de ces événements. Une catastrophe qui se produit sur un autre continent, même si elle entraîne des centaines ou des milliers de morts, ne nous bouleverse pas autant que si elle survient à proximité. Ce sont des étrangers qui meurent, des inconnus avec qui nous n'avons en commun que l'appartenance au genre humain. Même si ces tragédies nous émeuvent, nous ne sommes pas en deuil pour autant.

Parmi tous ces événements, ces morts isolées ou en série qui surviennent dans des lieux différents, il arrive que l'un d'entre eux nous touche davantage, soit parce que nous nous sentons personnellement concernés, soit parce qu'il comporte des éléments auxquels nous nous identifions, ou encore à cause de circonstances qui frappent notre imagination, soulèvent notre indignation ou représentent une menace pour nous-mêmes ou notre entourage. Ce peut être également le cas pour la mort d'une personnalité marquante des domaines politique, artistique, humanitaire, religieux, sportif, scientifique ou autre, avec qui nous avons été liés symboliquement. Bien que reliés indirectement seulement à des individus qui ne connaissaient pas personnellement le défunt, ces décès largement médiatisés peuvent, à juste titre, susciter de l'émoi et du chagrin parmi la collectivité et parfois même un véritable sentiment de deuil. Prenons comme exemples l'assassinat du président Kennedy, le drame de Polytechnique, la mort de René Lévesque ou celle d'Elvis Presley.

Cependant, il en est tout autrement quand la personne décédée était un proche des survivants. Dans ce cas, les circonstances du décès, loin d'être a-personnelles, deviennent très personnelles. Le deuil, ainsi «personnalisé», n'est pas collectif mais individuel et cela s'avère déterminant. Dès lors, il faut aussi considérer le statut particulier de la personne décédée: s'agit-il d'un homme ou d'une femme, d'un enfant, d'un conjoint, du père ou de la mère, d'un grand-parent, d'un grand ami, d'un futur époux, d'un neveu, d'un petit-enfant, d'un parent éloigné, d'un compagnon, d'un voisin, d'une idole, d'un modèle à penser, et qui encore? Quelle place occupait la personne défunte sur les plans familial, social et personnel? Quel âge avait-elle? Quel était son état de santé, son tempérament? En d'autres termes, **qui est mort** et quels **liens privilégiés** entretenait cette personne avec chacun des proches survivants? Il est certain que ces facteurs peuvent orienter de façon significative le déroulement et la résolution du deuil.

• Les funérailles

Les funérailles marquent une étape importante dans la taversée du deuil. La façon dont elles se déroulent a un impact déterminant sur l'intégration de la perte, socialement et psychologiquement.

De tout temps et dans toutes les cultures, les funérailles ont constitué un **double rituel de passage** qui sert, d'une part, à **faciliter l'entrée du défunt dans le monde des morts** et, d'autre part, à **assurer la paix des survivants** et à **favoriser leur réinvestissement** dans le monde des vivants.

Si depuis toujours l'homme a ressenti le besoin de procéder à des rituels funéraires, c'est sans contredit pour conjurer la mort et dissiper la menace qu'elle représente. Cette menace a deux visages. L'un a les traits du mystère entourant l'envers de la vie — ou son prolongement —, ce monde des morts impénétrable et muet qui ne cesse pourtant d'être présent et de «parler» aux vivants par la mémoire individuelle et collective. C'est l'**aspect suprahumain** de la mort: il échappe à l'entendement et il est difficile de lui donner un sens. L'autre visage affiche le masque redoutable de la putréfaction, ennemie de la vie, injure suprême à la beauté et à la structure du corps humain. C'est l'**aspect inhumain** de la mort: il répugne à l'émotivité et bouleverse les sens.

L'être humain ne peut vivre heureux et en paix avec ce tourment qui le ronge. C'est pourquoi il lui faut à la fois **prendre conscience du mystère de la mort** et tenter de l'**apprivoiser** en la ramenant à une dimension plus **compréhensible** et plus **acceptable** en en effaçant l'aspect hideux. Son but est de sacraliser et d'humaniser la mort afin qu'elle ne soit plus insaisissable et torturante, afin de mieux la subjuguer. L'une des premières fonctions des rituels funéraires est sans doute, précisément, de **transcender le mystère** en **humanisant le sacré**. Officialisant le fait de la mort, les funérailles offrent aussi aux survivants l'occasion et le temps de prendre pleinement conscience du caractère unique et irréversible de la perte, ce qui pour eux est très important sur le plan psychologique. De plus, en personnalisant et en humanisant la mort, les funérailles permettent aux proches de faire publiquement leurs adieux au défunt dans un contexte social de convivialité, qui renforce par la même occasion les liens qui les rattachent à la vie et à la collectivité. Les funérailles font office de pont symbolique entre la vie et la mort. L'importance de ce symbole est essentielle pour le repos et la quiétude des vivants. Il marque une frontière qui interdit l'intrusion des morts dans leur monde et diminue le désir que pourraient avoir certains proches de rejoindre l'être aimé dans l'autre monde. Les funérailles confirment la mort et, du même coup, affirment l'existence des vivants dans un monde qui est le leur.

Par un ensemble de règles morales et sociales plus ou moins tacites et codifiées (y compris la toilette du cadavre qui constitue un des universaux culturels), les rituels funéraires permettent de rendre décemment les derniers hommages au défunt et facilitent le détachement par l'expression autorisée du chagrin. Sur ce plan, les funérailles valorisent et célèbrent la valeur sacrée de la vie qui habitait le corps, tout en validant la dimension humaine du défunt et en respectant ses dernières volontés.

Vus sous un autre angle, les rituels funéraires constituent une forme de **théâtralisation de la mort**. Celle-ci n'est pas un drame car elle est naturelle, ce sont les humains qui la dramatisent. Les rituels sont un moyen d'exercer une emprise sur cette nature insensible à leurs drames. Parce que les funérailles mettent en scène de manière solennelle les principaux personnages du drame, c'est-à-dire la mort, le défunt, les proches éprouvés, les officiants et les membres de la collectivité, elles permettent une certaine forme de théâtralisation par le biais d'un cérémonial ou d'un faste organisé, structuré. Et, aussi paradoxal que cela puisse paraître, c'est en dramatisant la mort au cours du rituel, en lui accordant une place prépondérante pendant un court laps de temps, que nous arrivons à la dédramatiser et à en minimiser l'impact sur nos vies.

Quoique pénible, la période des funérailles demeure un moment propice à l'évacuation du trop-plein d'émotions. Les funérailles agissent souvent comme une catharsis pour enrayer ou du moins adoucir certains effets douloureux de la phase de choc. Les rites permettent de décanter l'événement, de purger les émotions et les sensations, donc de se familiariser avec la nouvelle réalité.

Les coutumes funéraires sont très nombreuses et diversifiées. Chaque ethnie possède ses propres rites funèbres qui reflètent sa culture. Dans notre société, plusieurs coutumes ont changé au cours des trente dernières années, ce qui n'est pas sans entraîner des perturbations chez les individus et dans les familles. Sur les plans psychologique et social, nous nous situons sans doute à une époque charnière où nous avons à **remplacer** ou à **réinventer** des rituels peut-être abandonnés trop rapidement. D'ailleurs, plusieurs intervenants s'emploient à corriger un malaise présent tant chez les thanatologues eux-mêmes que parmi leurs clients.

Les questions de l'exposition du corps et de sa disposition directe (la crémation par exemple) divisent actuellement l'opinion. Les spécialistes du deuil ont souvent souligné que le fait de voir le cadavre est un facteur déterminant du détachement ultérieur. Il faut bien avouer que l'impossibilité de voir le corps du défunt peut être vécu péniblement par les deuilleurs qui souhaiteraient le faire; cette frustration risque d'entraver ou de retarder partiellement leur intégration de la perte et même, à la limite, de soulever en eux toutes sortes de fantasmes: «Ce n'est pas lui qui est dans le cerceuil» ou «Il se fait passer pour mort, il se cache, il va bientôt nous surprendre et réapparaître.»

Il est possible que l'exposition du corps — une pratique de plus en plus délaissée — corresponde moins aux valeurs psychosociales d'aujourd'hui. Mais comment savoir exactement ce qui se cache derrière cet abandon? D'aucuns affirment que la non-exposition est en relation étroite avec le déni de la mort et les valeurs de jeunesse, de performance et de beauté qui prévalent à notre époque: il serait indécent d'exposer le cadavre puisqu'il témoigne concrètement de l'abdication de la vie devant la suprématie de la mort. D'autres prétendent que cette pratique est maintenant désuète et que certaines personnes la maintiennent dans un esprit de morbidité douteuse: nos processus psychologiques et cognitifs seraient suffisamment développés pour nous permettre d'intégrer la mort sans avoir recours au support biologique du cadavre. Il serait donc caduc, voire ridicule, d'encourager la pratique de l'exposition qui confronte inutilement les endeuillés à une réalité déjà fort dérangeante et, par le fait même, d'exacerber les sens par la vue traumatisante du cadavre. Aussi, pour les tenants de la non-exposition, vaut-il mieux conserver une image associée au vivant plutôt que de garder celle de sa mort. À cet égard, les soins thanatopraxiques ont pour objet de laisser aux survivants une image plus acceptable du défunt, en éliminant les traces de la mort et de l'agonie ou certains effets du vieillissement ou de la maladie, ou encore en effaçant les marques d'une mort hideuse.

Quoi qu'il en soit, le point capital réside dans l'**existence** d'un rituel correspondant aux valeurs morales et existentielles des personnes concernées, plutôt que dans ses **modalités** d'application. À condition bien sûr que le rituel ait un sens et une symbolique réelle.

En tant que facteur associé aux circonstances du décès, les funérailles sont donc positivement déterminantes dans la mesure où elles concrétisent le passage de la vie à la mort, et soulignent le changement de statut des proches, qui deviennent les deuilleurs.

Les facteurs subséquents

Le quatrième groupe d'éléments susceptibles d'influer sur la résolution du deuil est constitué de deux grands facteurs subséquents à la perte: les **conséquences de la perte** et les **agents facilitant** ou **entravant** la résolution.

• Les conséquences de la perte

Par conséquences de la perte, nous entendons certains changements qui s'opèrent (parfois à notre insu) ou des décisions qui s'imposent à court et à moyen terme, et qui sont plus ou moins directement reliées à la nouvelle situation de deuil.

Certains changements s'opèrent sans provoquer de dysharmonie ou d'importantes perturbations, alors que d'autres sont beaucoup plus exigeants à assumer. Rappelons que la mort d'un membre de la famille se répercute de diverses manières sur l'être et l'agir des autres membres en modifiant les rôles et les rapports qui prévalent entre eux. À propos de tous ces changements qui s'élaborent en cours de route, il faut surtout retenir que les **conséquences du deuil sur l'organisation familiale** sont autant de facteurs associés à la perte qui exercent une influence plus ou moins déterminante tout au long de la traversée du deuil.

Les **réactions consécutives au décès**, qu'elles soient physiques, émotionnelles ou comportementales, entraînent presque inévitablement un effet de rétroaction qui, à son tour, amène d'autres conséquences. L'exemple suivant illustre ce genre d'effet d'entraînement assez courant en période de deuil. L'épouse de Monsieur J. décède à la suite d'une longue maladie au cours de laquelle celui-ci l'a soignée jour et nuit. Les effets de la fatigue physique et émotive accumulée se font sentir: pendant les premiers jours qui suivent le décès, Monsieur J. est nerveux, insomniaque et s'alimente mal de sorte que son système immunitaire s'en trouve fragilisé. Une mauvaise grippe se déclare et dégénère bientôt en pneumonie. Son état général s'accompagne de forts sentiments dépressifs et nécessite un repos complet de quelques semaines. Mais Monsieur J. est travailleur autonome et ne bénéficie pas d'une assurance-maladie. Ce congé forcé l'oblige à contracter un emprunt pour combler un important manque à gagner, ce qui soulève une anxiété supplémentaire. Ces complications sont directement liées au deuil par voie de cause à effet.

Le deuil entraîne souvent une **modification du statut socio-économique** des survivants dont la situation se complique d'une façon ou d'une autre. Que le défunt laisse les proches survivants démunis ou, au contraire, à l'abri des soucis financiers fait une grande différence. L'être humain ne vit pas que d'émotions et de sentiments, et les soucis financiers ne facilitent certainement pas une résolution sereine du deuil, tandis qu'une certaine aisance assure au moins la tranquillité d'esprit quant au côté matériel. Toutefois, cela ne signifie pas que l'argent soit un élément toujours facilitant. Dans certains cas, le contraire peut se produire, telle cette veuve pour qui l'héritage de l'entreprise de son défunt mari entraîna des tracas incessants et un grand malaise parce qu'elle était désormais seule à profiter des richesses accumulées. Mais pour reprendre l'expression courante, nous reconnaissons volontiers que «si l'argent ne fait pas le bonheur, il y contribue».

Les conséquences financières et matérielles associées à la perte peuvent induire des prises de décisions importantes qui supposent des changements radicaux dans la réorganisation de la vie courante: revenir sur le marché du travail, abandonner des études ou, au contraire, les reprendre, être dans l'obligation de déménager, de vendre sa propriété ou de se départir de certains biens, prendre un colocataire, faire son entrée dans un centre d'accueil, et bien d'autres choses.

Le décès peut également modifier la trajectoire de l'existence future des proches endeuillés et les forcer à prendre des **orientations nouvelles** auxquelles ils n'étaient pas préparés. Nous avons déjà souligné ce phénomène de stress supplémentaire. Tout changement positif ou négatif, accueilli favorablement ou non, provoque une transition qui comporte en elle-même des éléments perturbateurs. Mais dans certaines situations, les choix sont restreints. C'est souvent le cas des endeuillés âgés pour qui les notions de «reconstruction» ou de «réinvestissement» n'ont pas le même sens que pour les plus jeunes. Dans un autre ordre d'idée, prenons l'exemple d'un adolescent de seize ou dix-sept ans dont la subsistance et les soins sont assurés par la mère. Si celle-ci décède, l'avenir du jeune homme peut être dramatiquement remis en question. Il faut néanmoins souligner qu'à ce chapitre aussi, plusieurs facteurs individuels et circonstanciels peuvent orienter les choix. Ceux-ci ne dépendent pas uniquement des faits extérieurs, mais aussi des dispositions et des ressources personnelles de l'endeuillé.

Parmi toutes ces conséquences associées de près ou de loin à la perte, retenons que certaines d'entre elles peuvent s'avérer facilitantes alors que d'autres constituent des obstacles supplémentaires.

• *Les agents entravant ou facilitant la résolution*

Nous venons de voir certaines conséquences directement liées au décès. Mais des **agents stressants** tout à fait **extérieurs à la situation** peuvent également s'ajouter. Nous pensons entre autres à certaines malchances qui surviennent *a posteriori*, sans lien direct avec la perte, comme un bris d'auto ou un incendie par exemple. Revenons au cas de Monsieur J. évoqué prédécemment: il n'est pas encore entièrement remis de sa maladie, son fils unique avec qui il a toujours entretenu une relation privilégiée accepte un poste d'enseignant en région éloignée. Pour Monsieur J., cela signifie la privation de ses petits-enfants avec qui il a des rapports vitalisants, donc, une plus grande solitude à assumer. De retour d'un week-end à la campagne, il découvre une importante fuite d'eau dans le sous-sol de sa maison. Après évaluation des dégâts, il doit entreprendre des travaux de plomberie onéreux et imprévus.

Dans ce cas, on est en présence d'une accumulation de circonstances subséquentes, non reliées au décès, mais dont les effets conjugués risquent d'amener «la goutte d'eau qui fait déborder le vase». Le deuil peut aussi avoir été précédé de plusieurs pertes ou renoncements significatifs ayant exercé insidieusement leurs méfaits sur le système nerveux, de sorte qu'un élément négatif de plus peut occasionner une vive réaction. Cet **effet cumulatif** éprouve la résistance de tous les individus, même les plus aptes à faire face aux événements. L'exemple fictif de Monsieur J. vous paraîtra peut-être exagéré, mais les témoignages des endeuillés démontrent souvent le contraire. «Un malheur n'arrive jamais seul», entend-on dire souvent par les proches éprouvés. Quelle personne n'a pas ressenti au cours de son existence, même momentanément, que le sort s'acharnait contre elle?

Parmi les agents facilitants, on peut considérer les problèmes qui trouvent une **solution** assez **satisfaisante** compte tenu de la situation ou qui connaissent un **dénouement** plus **heureux** que celui qu'on avait prévu. Par exemple, un conflit se règle entre deux personnes ou un rapprochement a lieu à la suite du décès. Nous pensons aussi à certaines **nouvelles heureuses** et **réconfortantes**, par exemple celle de la venue prochaine d'un enfant désiré depuis longtemps, de la réussite des examens de fin d'année d'un jeune. Ou encore, on constate qu'un placement a rapporté beaucoup plus que ce qui était escompté, on obtient une promotion ou des conditions de travail valorisantes, etc. Certains événements heureux et imprévus subséquents à la perte ont pour effet d'agir comme un baume, de susciter un regain d'espoir ou de marquer une pause réjouissante à travers le tumulte provoqué par la crise de deuil.

Il est important d'insister sur ces points positifs, car ils peuvent aider l'endeuillé à se ressaisir, l'énergiser ou simplement lui permettre de reprendre confiance dans la vie.

Nous avons déjà mentionné que la **personnalité de l'endeuillé** constitue, dans plusieurs cas, le facteur le plus déterminant dans l'orientation du deuil. On peut donc considérer ce déterminant comme étant lui-même un facteur facilitant ou entravant la résolution du deuil. En effet, l'état de santé physique et mental, les ressources intérieures (aptitudes, valeurs, croyances, spiritualité, etc.), les projets, les intérêts, les ambitions, les loisirs, le travail, les différentes sources de gratification incluant les relations affectives, sont autant d'aspects liés étroitement à la personnalité de l'endeuillé et qui exercent une influence déterminante à chaque étape de la traversée du deuil. C'est pourquoi tout ce qui constitue sa personnalité intrinsèque doit être retenu comme un déterminant présent tout au long du parcours évolutif du deuil.

Outre les ressources intérieures de l'endeuillé qui font partie intégrante de sa personnalité, **l'aide disponible** est un facteur extérieur qui peut agir comme agent facilitant: la présence d'amis, le soutien pratique et matériel, l'appui disponible dans son milieu naturel et au travail ainsi que l'assistance professionnelle en cas de besoin.

* * *

En conclusion, nous affirmons que l'analyse de tous ces facteurs déterminants permet de mieux comprendre qu'un événement n'est jamais le seul décisif dans la résolution du deuil et que, indépendamment de sa personnalité, l'être humain est sensible à diverses influences. D'une part, on ne peut dissocier ou isoler aucun des déterminants du deuil puisqu'ils sont tous étroitement interreliés. D'autre part, cette interrelation met en évidence encore une fois toute l'importance d'être tolérant et bienveillant envers les multiples manifestations de deuil qui se présentent et aussi celle du soutien dont les endeuillés ont besoin.

Figure III

Facteurs déterminants du deuil

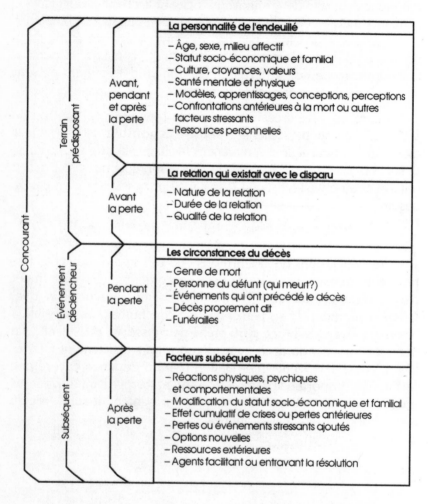

Temps de réflexion
Les déterminants du deuil

- **Ma personnalité**

  Qu'est-ce que je peux dire de ma personnalité, de mes principaux traits de caractère?

  Quels événements heureux et malheureux ont le plus marqué ma vie?

  Comment les ai-je vécus?

  Quelles sont les limites que je me reconnais?

  Quelles sont les forces sur lesquelles j'ai l'habitude de m'appuyer quand cela va mal?

- **La relation qui existait entre le défunt et moi**

  Je décris le type de relation que j'entretenais avec la personne décédée.

  Qui était-elle?

  Quel lien affectif existait entre nous?

  Comment puis-je qualifier ce lien?

- **Les circonstances du décès**

  J'essaie de récapituler ce qui m'a le plus bouleversé lors du décès de _____.

  Que s'est-il passé quelque temps auparavant et ensuite?

  Quels événements retiennent le plus mon attention?

- **Les facteurs subséquents**

  Quelles sont les principales conséquences de la perte?

  Lesquelles sont les plus difficiles à assumer?

  Dans mon expérience de deuil, y a-t-il des agents facilitant ou entravant mon processus de résolution? J'en fais la liste par ordre d'importance en distinguant bien les répercussions de chacun d'eux.

**À partir de ces pistes,
je poursuis mon questionnement
et je note mes réflexions sur:**

Ma personnalité

La relation qui existait entre le défunt et moi

Les circonstances du décès

Les facteurs subséquents (conséquences de la perte, agents facilitant ou entravant la résolution)

Ce qui peut nuire

- Entretenir l'idée que j'aurais pu changer les circonstances entourant le décès;
- Entretenir des obsessions sur certains événements troublants rattachés au décès (gestes, paroles, attitudes et comportements);
- Vouloir régler tous mes problèmes seul et refuser l'aide de mes proches;
- M'empêcher d'exprimer mes émotions ou, au contraire, me forcer à les extérioriser;
- Négliger mes besoins physiques et psychologiques (sommeil, alimentation, exercice, repos, etc.);
- Minimiser ou banaliser l'événement;
- Prendre hâtivement des décisions importantes;
- Ne pas reconnaître les conséquences de la perte.

Ce qui peut aider

- Faire la part des choses entre ce qui est de mon ressort et ce qui ne l'est pas;
- Reconnaître l'importance de l'événement qui vient d'avoir lieu; interrompre mes activités habituelles pour m'accorder un temps d'arrêt;
- Me laisser guider par mes valeurs et principes dans les décisions à prendre;
- Raconter l'événement si j'en ressens le besoin; choisir une personne accueillante et attentive;
- Ne pas m'imposer d'en parler;
- Prendre des moyens pour maintenir mon équilibre physique et psychologique;
- Entretenir des liens significatifs et valorisants avec mon entourage;
- Reconnaître avec lucidité les conséquences de la perte;
- Nommer les agents facilitant et entravant la résolution;
- Accepter l'aide pratique et matérielle (courses, entretien, repas, gardiennage, etc.);
- Garder ma foi et mes croyances;
- Accepter une aide professionnelle au besoin (médecin ou psychologue par exemple).

Ce qui me nuit actuellement
ou pourrait me nuire

Ce qui m'aide actuellement
ou serait susceptible de m'aider

Chapitre 3

Différents types de deuils

Certains deuils expriment une réalité spécifique plus problématique ou révèlent un aspect dominant du processus de résolution. Ce chapitre a pour but de vous aider à identifier des difficultés particulières ou complications qui surgissent dans certains deuils sans qu'il soit franchement question de pathologie ou d'anormalité.

Nous aborderons les types de deuils suivants: le deuil différé, le deuil inhibé, le deuil chronique, le deuil exagéré, le deuil multiple, le deuil ajouté et, finalement, les deuils symboliques sous-jacents. Après un bref aperçu des manifestations permettant d'identifier la présence d'un deuil plus problématique, nous terminerons le chapitre par une brève présentation sur le deuil anticipé.

Le deuil différé

La personne en cause sait qu'elle est en situation de deuil et elle est tout aussi consciente de l'importance de le régler, mais elle est obligée d'en remettre la résolution à plus tard. Pour l'instant, son temps et son énergie sont requis pour faire face à d'autres difficultés. Il ne s'agit donc pas d'un refus de la situation, mais plutôt d'un choix délibéré en fonction d'un ordre de priorités. D'autres affaires pressantes l'appellent: le soin ou la prise en charge des membres collatéraux (des personnes dépendantes, de jeunes enfants ou une personne malade dans la famille sollicitent une attention soutenue); le règlement de la succession, des prises de décisions qui ne peuvent attendre; l'énergie et la concentration requises par les études, particulièrement en période d'examens; d'importants engagements professionnels qui ne peuvent être reportés, etc. Autant de nécessités incontournables que l'endeuillé se doit parfois d'assumer en premier lieu pour sa propre survie ou celle des siens.

Mais un deuil ne peut être reporté indéfiniment. Une fois les urgences réglées et les priorités respectées, le deuilleur doit s'accorder un laps de temps pour prendre soin de lui et pour vivre en toute lucidité ce qu'il a temporairement mis de côté et contenu volontairement, à défaut de quoi le deuil risque d'être réprimé, oublié.

Le deuil inhibé

Dans ce cas-ci, le deuil est carrément refoulé, ce qu'il ne faut surtout pas confondre avec la gêne, la pudeur, la timidité ou encore la retenue qu'on observe chez certains endeuillés, notamment par rapport à l'expression de leur douleur. Le deuil inhibé procède plutôt d'un refus inconscient de la souffrance inhérente au travail de résolution.

Il s'agit d'une sorte de déplacement puisque les manifestations normales de chagrin sont en fait masquées par des symptômes physiques ou comportementaux sans que la personne soit consciente de leur origine, c'est-à-dire sans qu'elle établisse directement le lien avec l'événement du deuil. Autrement dit, au lieu d'être exprimés et évacués sous forme de réactions affectives normales, les symptômes sont développés et perçus sur le plan physique ou autrement comme des équivalents affectifs du deuil. Quelquefois même, la douleur est mise en place comme symbole d'un deuil inhibé. Le sujet agit comme s'il n'était pas en deuil et ressent des malaises qu'il attribue par exemple au stress professionnel, aux problèmes conjugaux, aux rapports difficiles avec ses enfants ou à toute autre chose, alors qu'en réalité le deuil est la cause de tous ses maux.

Mais c'est un fait connu qu'un deuil inhibé ou refoulé ressurgira plus tard sous une autre forme. Souvent, plusieurs années s'écouleront avant qu'apparaissent des symptômes plus sérieux qui s'avèrent en fait être étroitement reliés au deuil. Ils peuvent se manifester par l'apparition d'un malaise ou d'un symptôme qui devient répétitif, d'une pathologie difficilement explicable, ou encore à la suite d'une épreuve ou d'une crise majeure de l'existence qui réactive alors la douleur de la perte antérieure non intégrée, assumée.

L'inhibition serait un mécanisme d'autoprotection visant à circonvenir et à contrôler la tension relative à la souffrance du deuil. Malheureusement, ce mécanisme, à prime abord adaptatif, n'est que partiellement efficace puisque la tension ne peut être retenue indéfiniment et que, tôt ou tard, elle cherchera à s'exprimer par d'autres voies (somatiques, comportementales ou relationnelles).

Rappelons que le refoulement du deuil s'expliquerait par le fait que l'ego n'est pas suffisamment fort ou développé pour faire face et réagir adéquatement à la situation tragique. C'est en partie la raison pour laquelle les adolescents et même des enfants plus jeunes sont davantage prédisposés à ce type de deuil.

Le deuil chronique

Il s'agit ici d'un deuil qui ne parvient pas à un stade de résolution satisfaisant, qui traîne en longueur et encombre la vie du survivant d'un chagrin qui ne s'estompe jamais tout à fait, de regrets et d'attachements quelquefois démesurés au passé, aux souvenirs, aux rites ou aux objets ayant appartenu au défunt. Parfois, le survivant est conscient de stagner dans une expérience de deuil prolongé, mais il ne parvient pas à y mettre un terme en dépit d'efforts soutenus. Il faut alors tenter de percer les motivations inconscientes qui provoquent ce blocage. Il arrive aussi que l'endeuillé ne désire pas foncièrement sortir de sa mélancolie, comme si cet état quasi permanent était synonyme de fidélité indéfectible au défunt, ou comme s'il craignait de l'oublier. Certains endeuillés ressentent l'absence du défunt comme une privation et une incomplétude sans remède, sans consolation; ils vivent aux prises avec une langueur accablante en espérant voir venir le jour où ils rejoindront enfin l'être aimé.

L'endeuillé se sent aussi parfois obligé de se conformer aux modèles imposés. Certaines sociétés traditionnelles encouragent ce type de deuil et imposent des restrictions sévères à toute velléité d'émancipation. Jeune ou âgé, l'adulte en deuil est en quelque sorte stigmatisé et condamné par la société à terminer son existence sous le signe du deuil. Bien sûr, nombreux sont ceux qui parviennent malgré tout à intégrer leur deuil et à poursuivre une vie normale, mais beaucoup restent pris dans le carcan des interdits et sont considérés pour toujours comme des endeuillés. Dans notre société, la tendance serait plutôt inverse: il faut faire son deuil au plus vite.

Le plus souvent, le deuil chronique indique que l'individu a de la difficulté à continuer de s'actualiser en dépit de la perte importante qu'il a subie. Ce deuil n'est pas en lui-même pathologique à condition que la personne garde contact avec la réalité et dans la mesure où elle fonctionne relativement bien dans son quotidien, même si son fonctionnement n'est pas aussi optimal que celui de l'endeuillé qui parvient réellement au stade de la réorganisation et du réinvestissement.

Le deuil exagéré

Ce type de deuil se manifeste par des réactions excessives et prolongées. C'est tout le contraire du deuil réprimé. Non seulement le sujet ne s'interdit pas l'accès aux affects, mais ses sentiments sont amplifiés de façon quelque peu superficielle et infantile. Ou bien apparaissent des réactions psychosomatiques démesurées. Cette exagération est éprouvée et présentée par l'endeuillé comme un besoin de valider son deuil.

Il est possible que ce type de deuil masque d'importants remords ou qu'il découle de certaines fautes réelles ou supposées l'être. Il est également possible que l'endeuillé cherche à exprimer un profond besoin d'attention ou de prise en charge, ou encore que le deuil exagéré soit perçu par l'individu comme une façon d'éviter l'accomplissement d'un travail en profondeur exigeant.

Il arrive que ce type de deuil s'accompagne de comportements théâtraux, emphatiques, voire exhibitionnistes. Cependant, il faut souligner que les réactions qui paraissent parfois excessives durant la phase de choc ne sont pas forcément révélatrices de ce genre de deuil.

Habituellement, toutefois, après une phase de manifestations débordantes, l'endeuillé assimile suffisamment son expérience de deuil pour prendre un certain recul et redevenir plus modéré, plus posé. Il faut dire aussi que les personnalités extraverties, démonstratives et exubérantes sont davantage sujettes à ce genre de réaction.

Le deuil multiple

On parle de deuil multiple en présence de certaines tragédies comme les naufrages, les incendies, les accidents d'avion, d'automobiles, les tremblements de terre, les épidémies, etc. Dans ces cas, il arrive que l'endeuillé ait perdu non pas une mais plusieurs personnes en même temps (par exemple, quatre personnes d'une même famille sont victimes d'un accident de la route ou abattues pendant leur sommeil à l'issue d'un drame familial). Ce type de deuil comporte des caractéristiques particulières.

Une situation spéciale se présente quand l'endeuillé a lui-même survécu à la catastrophe dans laquelle ses proches ont péri. Encore sous le choc, le survivant se demande comment il se fait qu'il soit sain et sauf tandis que les autres sont morts. Cette situation risque de soulever un énorme sentiment de culpabilité. D'ailleurs, les survivants de ces tragédies (par exemple les témoins de tueries, les personnes ayant été menacées de mort lors qu'une prise d'otages ou d'un vol de banque), qu'ils aient ou non perdu un ou des proches au cours de ces drames, sont hantés par ces événements, et le droit à la vie se situe au cœur de leur grand questionnement.

Il arrive aussi que l'endeuillé échappe de justesse à la fatalité grâce à une annulation de dernière minute ou à un engagement qui l'a retenu ailleurs au moment de la tragédie où ses proches ont trouvé la mort. Il n'était donc pas sur les lieux de l'événement et n'en a pas été témoin directement. L'endeuillé peut alors être pris dans le tourbillon d'un questionnement sans fin sur le destin et les coïncidences, sur le fait d'avoir été épargné, sur son droit à la vie et au bonheur, etc.

Dans les situations de deuil multiple, le psychisme est ébranlé par un choc violent où l'horreur, l'absurde et la culpabilité voisinent et rivalisent d'importance; la douleur est exacerbée; la coupure des liens est multipliée. Plusieurs deuils distincts se trouvent alors confondus dans la tragédie et sont par le fait même imbriqués les uns dans les autres. Ils doivent être abordés séparément, par ordre de priorité, et la tâche du deuil s'en trouve d'autant compliquée. Dans ces cas-là, il est fort souhaitable d'obtenir une aide profession- nelle et d'être soutenu tout au long du laborieux processus de deuil.

Le deuil ajouté

Le deuil actuel s'avère parfois être le dernier en date d'une série de pertes significatives plus ou moins rapprochées. Ce n'est pas forcément le plus difficile que l'endeuillé ait eu à subir. L'individu est même parfois étonné par l'ampleur de ses réactions parce qu'il croit avoir bien résolu ses deuils précédents. Cependant, il est compré- hensible que les facultés de résistance et d'adaptation diminuent par suite des deuils successifs et que l'endeuillé réagisse mal à ce «deuil de trop».

Il est aussi fréquent que le deuil d'une personne moins significa- tive, ou auquel l'individu était résigné, ravive des douleurs anciennes et fasse ressurgir des aspects obscurs, reliés à des deuils précédents, somme toute relativement bien intégrés. Le travail de résolution est alors axé davantage sur les deuils anciens plutôt que sur le deuil actuel, lequel agit comme un élément déclencheur.

Les deuils symboliques sous-jacents

Le deuil proprement dit s'applique à la mort d'une personne; on parle de deuil symbolique quand il s'agit de la perte d'un objet, d'une situation, d'un prestige ou de biens matériels, par exemple.

Cependant, dans toute expérience de deuil, ce n'est pas seulement la personne décédée qu'on pleure, mais aussi tout ce que sa disparition représente ou tout ce dont elle nous prive. Au-delà des pertes réelles encourues par sa mort surgit parfois une problé- matique tout aussi cruciale se rapportant plus profondément à l'impuissance devant la mort, à la solitude foncière de l'individu, au sentiment de perte de maîtrise, à la fuite du temps, aux vulnéra- bilités intérieures et aux renoncements inévitables imposés par l'existence. On observe alors que le deuil de la personne décédée s'accomplit normalement et n'est plus le sujet principal du malaise ou du mal-être, mais qu'il suscite une prise de conscience élargie des difficultés existentielles de l'individu.

Bien sûr, tout deuil significatif comporte sa part de deuils associés symboliquement à la personne décédée, et il importe d'en faire l'exploration. Parfois, cependant, ce sont les deuils symboliques sous-jacents qui prévalent et c'est d'abord sur eux que porte le travail de détachement.

* * *

Il existe aussi des deuils plus **difficiles** ou **compliqués** qui n'entrent pas dans les catégories que nous venons d'aborder. Il arrive que la résolution du deuil soit plus problématique tout simplement à cause d'un processus d'adaptation et d'intégration plus laborieux, plus lent. Globalement, ce genre de deuil se caractérise par la forte exagération ou la persistance de l'une ou de plusieurs des réactions normales. Mais la gamme des symptômes habituels est si étendue qu'il est parfois difficile d'établir si l'on est en présence d'un deuil normal ou d'un cas limite. Aussi, les critères doivent-ils être pondérés, nuancés en fonction de divers paramètres individuels et circonstanciels. Il n'y a pas toujours de ligne de démarcation nette entre la normalité et l'anormalité, entre une bonne et une mauvaise résolution. Il arrive que la conjonction de plusieurs facteurs dominants intensifie les réactions et prolonge le processus de résolution du deuil. Ce qui est acceptable pour certains deuilleurs peut s'avérer intolérable pour d'autres. À cet égard, les endeuillés ne devraient pas avoir à se conformer à un quelconque modèle de résolution préconçu, en tout cas pas tant et aussi longtemps que leur santé, leur équilibre psychique et leur adéquation à l'environnement ne sont pas compromis. Rappelons-le, il y a au fond autant de façons de parvenir à résoudre la crise du deuil qu'il y a d'individus. Un deuil plus difficile à intégrer n'est pas forcément révélateur de graves problèmes physiques ou psychologiques.

Cependant, il peut être capital pour vous ou vos proches d'être en mesure d'identifier les indicateurs de complications.

Nous vous en donnons ici un aperçu:

— absence prolongée de réactions, engourdissement émotif persistant;

— douleur morale extrême et persistante;

- cauchemars réitérés (souvent avec des images du défunt, des scènes de la maladie ou de la mort);

- identification à certains symptômes ressentis par le défunt au cours de sa maladie;

- évitement phobique ou, au contraire, attachement maniaque aux lieux et aux objets rappelant le défunt, son décès ou la mort en général;

- réactivation importante de certains symptômes aux dates anniversaires;

- sentiment de menace ou forte panique en présence de la maladie d'une autre personne;

- peur injustifiée d'avoir les mêmes symptômes que le défunt dès qu'apparaît le moindre malaise;

- très forte réaction émotionnelle ressentie dans des situations de deuil qui ne concernent pas personnellement l'endeuillé;

- isolement extrême, inadéquation prolongée au monde extérieur;

- perte de l'estime de soi, autodépréciation;

- autodestruction sous une forme déguisée (toxicomanie, comportements à risques à la suite du décès);

- troubles physiques sévères et persistants;

- développement d'une maladie grave;

- idées suicidaires.

En règle générale, la présence de deux ou de plusieurs de ces indicateurs permet de déceler des difficultés certaines et quelquefois graves dans le deuil du survivant. Si vous ou un membre de votre entourage vous sentez très vulnérable ou menacé par une dépression sévère, si vous éprouvez des malaises importants, si vous entretenez des pensées ou des projets suicidaires, il est conseillé de consulter un intervenant spécialisé avant que le problème aille en s'aggravant.

Le sujet des **deuils pathologiques** dépasse le cadre de cet ouvrage puisque ceux-ci relèvent de l'intervention psychiatrique. Dans ces situations, ni le temps ni l'accompagnement de soutien ou la meilleure volonté des proches ne procurent une aide adéquate.

* * *

Le deuil anticipé

Nous terminons ce chapitre en abordant maintenant un phénomène observable chez plusieurs personnes qui perdent un proche après une longue agonie: le **deuil anticipé**. Ce phénomène peut donc apparaître bien avant le constat du décès; il s'élabore pendant la maladie et plus particulièrement au cours de l'accompagnement en fin de vie. Bien qu'il ne s'agisse pas d'un deuil au même titre que ceux que nous avons décrits plus haut, il nous semble important d'en parler et de préciser un certain nombre de points, car le terme lui-même de «deuil anticipé» prête à confusion.

Le deuil anticipé décrit une réalité contradictoire. En effet, le deuil ne peut se déclencher qu'après la perte effective (il ne suffit pas de *prévoir* la mort pour être en deuil); la perte doit donc être préexistante à la manifestation du deuil. Or, l'expression **«deuil anticipé»** décrit un phénomène observable avant la perte définitive et cela donne à penser que le futur survivant serait déjà en processus de deuil véritable, ce qui n'est pas le cas. Essayons de comprendre ce que décrit l'expression **«deuil anticipé»**.

Un premier malentendu vient du fait qu'on considère le deuil anticipé comme un deuil s'effectuant avant le temps propice. Le terme «anticipé» est alors pris au sens de ressenti ou d'exécuté à l'avance, ce qui en l'occurrence est inapproprié. Il serait plus juste de retenir le mot anticipé dans le sens de pressenti et d'imaginé.

S'il est vrai que lorsque la mort d'une personne est prévue depuis un certain temps, ses proches peuvent se préparer à son départ et à ses conséquences dans leur vie — on dit alors qu'ils commencent à faire leur deuil —, néanmoins, le processus de détachement n'est que partiellement engagé. Sauf exception, le deuil qui s'amorce est **pressenti**, mais **non effectif**. Et encore est-il loin d'être pressenti sous tous ses angles. Maintes fois, on entend les survivants dire qu'ils n'étaient pas encore prêts, qu'ils ne pouvaient pas prévoir ce qui les attendait vraiment après le décès, malgré tout ce qu'ils avaient pu imaginer ou constater chez d'autres personnes vivant la même situation.

Si le désinvestissement affectif est nécessaire à la résolution du deuil, on admettra que la perte ne peut être assimilée avant de s'être produite et d'avoir été ressentie. De plus, le corps sert de support biologique à la relation, même dans les cas où les fonctions vitales sont atteintes au point que le mourant ne peut plus communiquer avec son entourage. Or, le **désinvestissement total** n'est possible qu'après la **disparition définitive** de l'objet d'attachement. Autrement, le désinvestissement serait prématuré puisque, implicitement, la personne en trépas est considérée comme morte avant l'heure. Néanmoins, s'il y a bien un temps «avant décès» et un temps «après décès», il arrive que certains facteurs psycho-affectifs bouleversent cette chronologie et provoquent un détachement accéléré dès que l'issue fatale est annoncée. Dans ce cas précis, le deuil qui s'amorce est à proprement parler un **deuil prématuré**. *A priori*, un désengagement aussi précoce dénoterait un certain trouble chez le futur endeuillé.

Il en va tout autrement pour ce qui est du deuil anticipé. Le phénomène ne provoque pas de désinvestissement par rapport à la personne mourante et au temps présent. Dans de bonnes conditions, il aurait au contraire pour effet de soutenir un investissement total avec le mourant puisque, justement, sa disparition est imminente et qu'il faut valoriser au maximum la relation avant qu'elle cesse.

Le second malentendu découle du fait qu'on rattache toujours le deuil anticipé à ce qu'il adviendra plus tard, après le décès. Mais, et c'est un point capital, ce phénomène ne concerne pas seulement un fait futur. Par le retour dans le passé et la projection dans l'avenir, l'intellect et l'affect ont le formidable pouvoir de bouleverser le continuum espace-temps: le deuil anticipé provoque ce chambardement. De l'annonce du pronostic à brève échéance à la mort véritable, il est ressenti et éprouvé comme une expérience de détachement se rapportant simultanément aux pertes passées, présentes et futures. Il englobe des renoncements qui se sont déjà produits, d'autres en train de se faire et d'autres encore qui se produiront plus tard.

Ainsi, par rapport au passé, l'inéluctable fatalité qui s'annonce dès le diagnostic de terminalité fait douloureusement prendre conscience aux proches de toutes les restrictions et frustrations imposées par le changement d'état de la personne en voie de mourir: la relation altérée, les projets qui ne se concrétiseront pas, les activités qui ne pourront plus être partagées, et aussi tous les regrets concernant ce qui n'a pas été accompli.

En même temps, les proches pleurent ce qui est en train de disparaître dans l'ici et le présent, et ce qui se détruit graduellement. Certes, le mourant demeure jusqu'à son dernier souffle l'être aimé qu'on entoure d'affection et de soins. Cependant, sa condition amène un changement majeur de statut et de rôle: il n'est plus le soutien de famille, le compagnon, l'amant, le confident, l'être actif qu'il était auparavant. De plus, faisant lui-même son propre deuil, il échappe peu à peu aux liens d'attachement, il se détache. «Il s'en va», disent couramment les parents et les amis; l'impuissance qu'ils ressentent, l'impossibilité de le retenir font aussi partie du deuil anticipé.

Parallèlement, les proches pressentent aussi tout ce qui sera plus tard associé à la perte définitive: la solitude, l'insécurité, les changements du mode de vie, les questionnements sur son identité, les problèmes économiques ou sociaux, les nouvelles charges à assumer et l'absence permanente.

Bien qu'on soit trop souvent enclin à une certaine confusion, ce n'est pas d'un désinvestissement prématuré dont il s'agit ici, mais bien des renoncements présents et à venir ainsi que de la **préparation** et de l'**adaptation progressive** à la réalité future qui caractérisent le deuil anticipé. Le processus de deuil est alors véritablement amorcé, mais son déroulement complet et le désinvestissement total ne s'effectueront que plus tard, c'est-à-dire une fois le décès survenu[2].

---

2. Pour plus de renseignements sur le deuil par anticipation, lire l'excellent article de Thérèse A. RANDO, publié dans *The Journal of Palliative Care*, 4:1-2,1988, traduit et publié dans *INFOKARA*, Genève, n° 20, décembre 1990.

- Que puis-je dire à propos du deuil normal?

- Est-ce que je reconnais qu'il existe d'autres types de deuils sans pour autant parler d'anormalité?

- Suis-je en mesure de décrire le type de deuil que je vis présentement ou celui que je perçois chez mes proches? Y a-t-il certains aspects de ce ou ces deuils qui me paraissent difficiles ou compliqués? Si oui, lesquels?

- Chez moi ou chez mes proches, quelles sont les réactions qui m'apparaissent saines, appropriées?

- Quelles sont celles qui m'inquiètent ou qui me posent problème?

- Quels sont les principaux indicateurs permettant de repérer un deuil difficile ou plus compliqué?

- Est-ce que je saisis bien les nuances entre les différents types de deuils et le deuil anticipé? J'essaie d'identifier des différences importantes entre chacun.

**À partir de ces pistes,
je poursuis mon questionnement
et je note mes réflexions sur:**

Le deuil normal

Les différents types de deuils

Les indicateurs de deuils plus difficiles ou compliqués.

Le deuil anticipé

Ce qui peut nuire

- Penser que tous les deuils sont semblables;

- Isoler un aspect du deuil et s'en faire un critère de compli-
cation ou de difficulté;

- Confondre les différents types de deuils;

- Confondre le deuil effectif avec le deuil par anticipation;

- Ne pas formuler ses questions; entretenir le doute ou la
confusion au lieu de s'informer;

- Étendre la notion de deuil à des détachements, à des
pertes secondaires ou symboliques qui n'ont pas du tout le
même caractère que le deuil; par exemple, utiliser le mot
deuil à tout propos.

Ce qui peut aider

- Avoir une idée claire de ce qu'est un deuil normal;

- Observer l'expression du deuil chez un sujet (soi-même ou
un proche) dans sa globalité, autrement dit, ne pas isoler
les réactions;

- Être au fait des indicateurs de complications possibles;

- Lire, se documenter, consulter au besoin;

- Obtenir des réponses à ses questions; aller vérifier la justesse de ses perceptions auprès d'une personne qui connaît bien les rouages du deuil.

Ce qui me nuit actuellement
ou pourrait me nuire

Ce qui m'aide actuellement
ou serait susceptible de m'aider

Deuxième partie

Les méandres

Chapitre 4

Les perturbations du milieu familial: le deuil dans la famille

Jusqu'ici, nous nous sommes attardés aux manifestations les plus courantes du deuil ainsi qu'aux facteurs qui déterminent l'ampleur de ces réactions. Outre les circonstances qui voisinent l'événement de la mort, nous avons insisté sur le fait que la relation particulière qui unissait le défunt au survivant ainsi que la personnalité de ce dernier constituent des points clés dans le déroulement du deuil. Mais, en déstabilisant l'individu, la perte d'un être cher perturbe aussi son entourage et particulièrement le milieu familial dont il est issu ou celui dans lequel il vit.

Les perturbations subies par le milieu familial font l'objet des deux prochains chapitres. Dans celui-ci, nous aborderons les principes de base de la dynamique familiale; ensuite, nous poserons un regard global sur les différents types de familles, puis nous parlerons des éléments qui permettent de dresser le profil familial.

La dynamique familiale

Deux principes sont à la base de l'approche systémique: la circularité et la totalité des parties.

Le principe de **circularité** illustre la mouvance des relations et le fait qu'une réaction qui apparaît chez une personne du système — peu importe l'élément déclencheur de cette réaction — affecte

105

ou risque d'affecter les autres personnes qui appartiennent à ce même système. Autrement dit, tous les individus du système interagissent entre eux et s'influencent les uns les autres.

Le principe de la **totalité des parties** nous indique que le système familial ne se limite pas aux individus qui le composent; il est aussi constitué de toutes les formes d'interactions qui s'établissent entre eux.

Pour illustrer notre propos, voici quelques schémas.

Schéma 1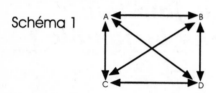

Il y a quatre personnes dans cette famille. Les flèches nous montrent les différentes possibilités d'interactions entre chacun des éléments qui composent ce système familial. Nous dirons donc qu'il est constitué de quatre personnes et de douze possibilités d'interactions. C'est pourquoi, en parlant d'un système familial, on dit que le **tout est plus grand que la somme des parties**.

Schéma 2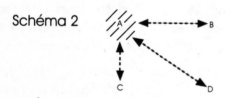

La personne représentée par A est décédée. Pour illustrer ce fait, l'espace qu'il occupait dans le système est maintenant hachuré. Les flèches indiquent les interactions que la mort **fait disparaître** entre A et les autres personnes du système.

Schéma 3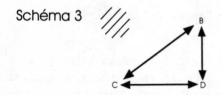

Dans ce dernier schéma, les flèches illustrent les interactions qui **demeurent possibles** entre les trois éléments restants du système. Ici encore, l'espace hachuré représente schématiquement le vide laissé par la mort de A.

En plus des répercussions sur chaque individu, la disparition d'un membre de la famille crée un impact sur l'ensemble du groupe familial, ce qui est dû, en grande partie, au phénomène d'interdépendance entre les membres. Cette dépendance réciproque relie entre elles les personnes appartenant à un milieu spécifique. De plus, les relations familiales ne sont jamais statiques, elles se transforment sans cesse. D'ailleurs, quand on parle de dynamique familiale, c'est justement pour illustrer la forte mouvance des besoins individuels et collectifs qui prévalent sur les plans relationnel et interrelationnel.

La carte familiale

Cet outil schématique inspiré de la généalogie permet de visualiser rapidement la position des membres de la famille ainsi que les décès survenus dans le système. Pour réaliser une carte familiale, on choisit de préférence des figures géométriques différentes selon le sexe des individus. Habituellement, le cercle est utilisé pour identifier le féminin et le carré pour le masculin. Les espaces hachurés indiquent que ce membre est décédé et, si c'est possible, on inscrit la date du décès. Les espaces pointillés illustrent l'absence d'un membre de la famille pour toute autre raison que la mort (divorce, disparition, par exemple). On peut se limiter à la famille d'origine (les géniteurs ou les parents adoptifs et les frères et sœurs), ou encore inclure les grands-parents et même les arrière-grands-parents.

À titre d'exemple, nous vous proposons une carte familiale réalisée par une jeune femme qui, en visualisant sa carte, fut stupéfaite de constater qu'elle montrait plus de sujets morts ou absents que de sujets vivants et en interaction au sein du système. Cette prise de conscience survint à un moment de son cheminement où elle se questionnait sur les répercussions possibles d'une confrontation précoce avec la mort.

Figure IV

La famille Hudon-Beaudoin en 1993*

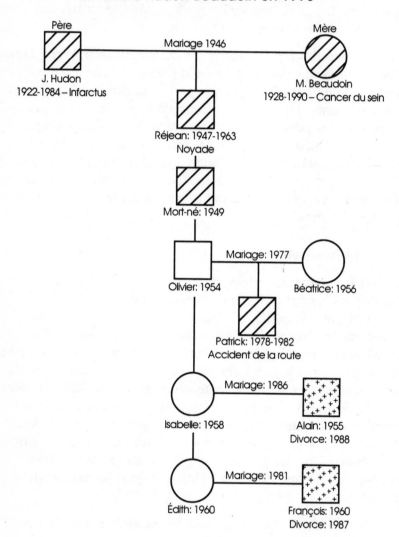

Différents types de familles

À l'instar de tout système, la famille possède une organisation, des buts, des valeurs et fonctionne à partir de règles plus ou moins précises.

Si la famille trouva d'abord sa raison d'être dans la survie de l'humanité — question toute simple et combien nécessaire — rapidement cependant, les hommes en sont venus à se reconnaître entre eux comme étant issus ou non d'un même groupe, d'un même clan, d'une même tribu. La conscience des liens de filiation qui unissent de manière distincte certains individus a donné naissance au sentiment d'appartenance familiale. Très tôt, les besoins primaires de l'homme, tels l'abri, la nourriture et la sécurité ont amené la famille à jouer un rôle de protection et de soutien envers ses membres. Si ces considérations archaïques demeurent encore actuelles, le projet familial a depuis évolué vers des considérations plus modernes. Mais la procréation et l'éducation des enfants demeurent sans doute encore aujourd'hui les enjeux majeurs pour plusieurs familles, même si d'autres défis peuvent être relevés comme développer ses potentialités en interrelation ou simplement avoir du plaisir à vivre ensemble.

Il existe différents types de familles. À quelques exceptions près, tout être humain appartient à une famille que l'on qualifie généralement de **famille d'origine**. Il s'agit en fait de la famille dont on est issu et qu'on peut nommer également **famille nucléaire**, **biologique** ou **naturelle**.

Pour toutes sortes de raisons, certains enfants sont retirés de leur noyau familial d'origine, constitué du père et de la mère biologiques. S'ils sont élevés en institution, ils ne connaîtront pas la famille telle que la plupart d'entre nous la connaissent. Ils évolueront dans d'autres systèmes (par exemple en famille d'accueil ou en orphelinat) auxquels ils s'identifieront plus ou moins selon les circonstances et leur personnalité. Mais il importe de souligner que les principes dynamiques dont nous avons parlé précédemment s'appliquent également à ces autres types de systèmes. Dans d'autres cas, les enfants séparés de leurs parents biologiques sont accueillis par une nouvelle famille et s'y intègrent progressivement.

Il s'agit alors d'une **famille adoptive**. L'intégration au sein de ce système et l'émergence d'un sentiment d'appartenance dépendent de plusieurs facteurs, dont l'un des plus déterminants est sans doute l'âge de celui ou celle qui est adopté et les conditions dans lesquelles survient cette adoption.

Il existe aussi des situations particulières qui font en sorte qu'un enfant évolue à la fois dans deux cellules familiales différentes. Même ayant été adopté jeune, un enfant pourrait, pour toutes sortes de raisons, être demeuré en rapport continu avec un ou des membres de sa famille d'origine. Comme nous sommes en présence de plus d'un système, les relations et les interrelations sont d'autant multipliées. D'un côté, il y a les relations entre les membres de chaque système et, de l'autre, les relations entre ces deux systèmes, tel qu'illustré par la figure V.

Cependant, la complexité de ces situations familiales ne soulève pas nécessairement davantage de problèmes ou de difficultés. Lorsque deux systèmes familiaux ou plus sont en interrelation, l'individu qui évolue au sein de ces systèmes va nécessairement subir des influences de chacun d'eux. Les **familles reconstituées** sont un autre exemple de la complexité du côtoiement de deux ou de plusieurs systèmes.

Outre la famille où l'on a généralement grandi (sauf certaines exceptions), il y a aussi la **famille qu'on se crée soi-même** une fois parvenu à l'âge adulte. Cette **famille actuelle**, par opposition à la famille d'origine, correspond au système dans lequel on vit. Pour les personnes vivant seules, il s'agit du système avec lequel elles sont en étroite relation. Le plus souvent, la famille actuelle correspond au foyer qu'on a fondé avec le partenaire de son choix. Mais, dans notre monde moderne, il existe différentes modalités dans le concept même de la famille. Un couple sans enfants, par exemple, peut avoir le sentiment de former une vraie famille avec quelques amis considérés comme des intimes. Même si ces conjoints possèdent chacun une famille d'origine, ils ont développé un sentiment d'appartenance à un petit groupe de proches avec lesquels ils n'ont pas de liens de parenté. Ils sont si bien intégrés à ce groupe que celui-ci devient en quelque sorte une seconde famille. Dans le même ordre d'idée, un adulte célibataire pourrait lui aussi

Figure V
Interrelations entre les systèmes A et B

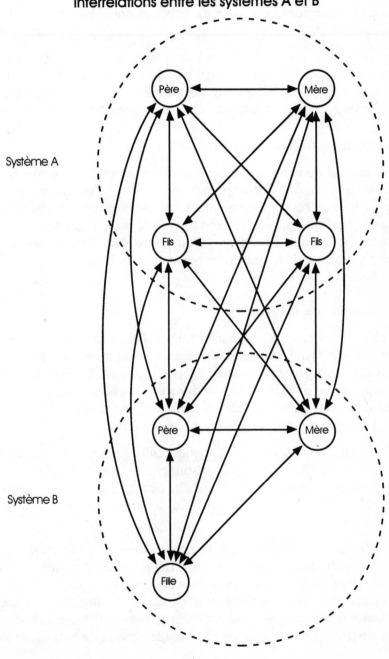

Système A

Système B

se créer une nouvelle famille à même son réseau affectif. On introduit ici le concept de **famille élargie** qui suppose un rassemblement de personnes à partir d'affinités et non de liens de sang.

Lorsque la mort survient dans la famille actuelle, le système familial d'origine en est lui aussi affecté. L'inverse est également vrai. Si l'impact est normalement plus fort au sein du réseau où la mort se produit, il ne faut pas pour autant minimiser l'impact sur les autres systèmes avec lesquels ce réseau est en relation.

Le profil du milieu familial

Ce concept renvoie à la manière dont fonctionne le système familial qu'on souhaite comprendre ou étudier. C'est en observant les rouages de son fonctionnement interne qu'on en obtient généralement un portrait assez réaliste. Pour ce faire, nous aborderons tour à tour les aspects suivants: l'ouverture du système, les règles qu'on y retrouve, le type de communication et, finalement, les rôles de chacun.

• *L'ouverture du système*

Lorsqu'il se produit un événement déstabilisant comme peut l'être la mort, une famille ouverte fait face et s'adapte en général assez bien aux changements provoqués par l'événement. Elle gère les tensions et les conflits, et trouve des solutions adéquates en cas de problèmes ou de perturbations émanant de son propre système ou des échanges qui ont lieu avec d'autres systèmes.

Normalement, ce type de famille entre facilement en relation avec les autres systèmes de l'environnement et entretient de bons rapports avec ceux-ci. Autrement dit, bien qu'elle doive maintenir certaines frontières avec l'extérieur, une famille ouverte ne vit pas pour autant en vase clos.

Sur le continuum «ouverture-fermeture», il faut trouver un équilibre satisfaisant, une juste place, qui puisse, d'une part, garantir au système une distance suffisante avec le monde extérieur (protection du système contre les intrus) et, d'autre part, assurer certaines limites entre les membres du système, limites qui permettent de protéger l'intégrité de chacun (protection de son ego). Un système très fermé se priverait d'échanges et de contacts avec ses propres membres et avec les membres d'un autre système, alors qu'un système largement ouvert risquerait d'occasionner l'envahissement le plus total et, par conséquent, un manque d'intimité.

Or, ce sont les règles qui prévalent aux différents niveaux de fonctionnement d'un système qui nous instruisent le mieux sur son degré d'ouverture. Nous abordons maintenant cet important point.

• Les règles familiales

Pour maintenir un certain degré de cohésion à l'intérieur du système, il faut des règles familiales. Il en existe une multitude et chacune vient délimiter un territoire précis: communication; rôles, tâches et attributions; interdits, tabous, valeurs et principes; frontières ou limites entre les membres et les autres systèmes avec lesquels la famille est en relation.

Une règle familiale sert à régir un des aspects de la vie de groupe et, en principe, elle a pour but d'en faciliter l'organisation. Lorsqu'une de ces règles n'a plus sa raison d'être ou qu'elle devient inappropriée, soit qu'un changement survient, soit parce qu'un ou des éléments du système se sont modifiés, on devrait pouvoir l'abandonner ou la remplacer par une autre.

On parle généralement d'un système ouvert lorsqu'il est possible et même souhaitable d'en questionner les règles et de procéder à des ajustements à mesure qu'il évolue, subit des transformations ou d'importantes perturbations. Les règles familiales traduisent en quelque sorte le degré d'ouverture ou de fermeture d'un système; à ce propos, il faut dire aussi que celui-ci peut être plus ou moins ouvert sur tel aspect de la vie familiale et plutôt fermé sur tel autre.

En tout temps, l'introduction d'une nouvelle règle ou la modification d'une règle déjà existante suppose un changement d'état à l'intérieur du système: en présence d'un interdit, le système a tendance à se resserrer, à devenir plus rigide, alors qu'en présence d'une autorisation, il s'ouvre, s'assouplit, devient plus permissif.

Parfois, la mort provoque la brisure d'une règle. Par conséquent, ce qui était fermé en un point précis du système s'ouvre soudainement à cause de ce changement d'état. En voici un exemple. Un père de famille meurt d'une crise cardiaque dans un motel en compagnie de sa maîtresse. Depuis plusieurs années, chacun connaissait l'existence de cette aventure; le plus jeune des cinq enfants avait seize ans au moment du drame. Cependant, personne n'osait contrevenir à la règle interdisant toute allusion à cette relation extra-conjugale. Cette règle avait son utilité: elle permettait à l'épouse de rester digne et lui évitait de perdre la face; elle protégeait le père d'un affrontement possible avec ses enfants et atténuait sa crainte d'être mal perçu. Après le décès, dans les circonstances connues, l'interdit tomba de lui-même, l'épouse n'en ayant plus besoin. Les enfants, de jeunes adultes, purent enfin aborder le sujet et clarifier avec leur mère un certain nombre de choses qui les avaient plus ou moins marqués, ce qui fut bénéfique pour l'ensemble de la famille.

Si la mort a le pouvoir de faire sauter une règle, elle peut tout aussi bien en instaurer une nouvelle. Par exemple, un système déjà enclin à être fermé sur lui-même pourrait effectivement se refermer davantage en en établissant de nouvelles. Les interdits qui s'installent après la mort d'un membre de la famille ont souvent pour but d'empêcher ou de restreindre le regard des autres sur cette famille. Ils peuvent servir à protéger l'image qu'on se fait de l'idéal familial et maintiennent ainsi un semblant de cohésion. Lorsque l'idéal familial est menacé, et cela risque de se produire en présence d'une cause de mort considérée comme inacceptable (sida ou suicide par exemple), ou lorsque les circonstances entourant la mort sont si troubles que l'événement devient pratiquement tabou, il n'est pas rare qu'une nouvelle règle surgisse et induise un secret.

Voici un autre exemple. Une femme trouve la mort dans un accident. Ce drame se passe durant l'hiver, en milieu rural. La voiture dans laquelle elle voyage avec son amant est frappée par un train et les deux protagonistes meurent sur le coup. Contrairement au premier exemple, il s'agit cette fois d'une famille jeune, les deux enfants étant âgés de cinq et de huit ans. Imaginons maintenant le désarroi du père au moment d'annoncer aux enfants la mort de leur mère et les circonstances dans lesquelles elle est survenue. Bien que l'événement fût connu par presque tout le village, le père inventa une autre version de l'accident et raconta une histoire acceptable pour les enfants. Les vraies circonstances du décès devinrent rapidement un secret bien gardé, non seulement par le père, mais aussi par les proches des deux familles. Les enfants ne posèrent que peu de questions, les réponses données étant satisfaisantes, compte tenu de leur jeune âge. Néanmoins, un malaise s'installa rapidement chaque fois qu'il était question de leur maman. Les enfants grandirent et le malaise grandit avec eux. Chaque fois qu'ils osaient questionner leur père sur le sujet, celui-ci se renfrognait ou niait la présence d'un malaise. À cause du non-dit, les relations familiales dégénéraient et le malaise s'accentuait. Ce n'est qu'une dizaine d'années plus tard que l'aînée apprit de la bouche d'une camarade les circonstances réelles du décès de sa mère. Le mystère ainsi percé déclencha une véritable révolution dans la famille. Il s'ensuivit une période trouble et difficile à traverséer mais, finalement, tous éprouvèrent un réel soulagement et ils se rapprochèrent les uns des autres.

• *La communication*

Les règles qui prévalent au sein de la famille induisent certains types de communication. Lorsque ces règles ne sont pas clairement nommées, mais prescrites de manière implicite ou acceptées tacitement, la communication risque de s'embrouiller. L'information peut alors devenir ambiguë, confuse, insuffisante, contradictoire, ou bien ne pas parvenir à destination.

La communication est la façon qu'ont les membres du système d'entrer en relation. Une communication de qualité ne se base pas sur son contenu, mais plutôt sur la façon dont elle est transmise, exprimée. Une bonne communication se doit d'être claire et directe, par opposition à une communication floue et indirecte où les messages circulent par personnes interposées, sous forme de paraboles, de sous-entendus, d'allusions ou de messages contradictoires.

Françoise Dolto disait que **«nous sommes des êtres de langage»** à tel point que si l'être humain est privé de parole ou de communication, son équilibre est en péril. La communication est entendue ici dans sa réalité globale, c'est-à-dire dans l'expression verbale et non verbale des affects. **«Nommer ce qui est»**, disait-elle, mettre en mots l'expérience vécue. Souvent le non-dit a pour effet de déformer le réel et de déclencher ainsi un fonctionnement imaginatif néfaste. Dans ce cas, le sujet peut être enclin à élaborer sa propre version des faits, à fabuler et à exagérer des faits qui, en soi, ne sont pas forcément très dramatiques. Parfois, ce qui blesse le plus une personne à qui l'on cache une chose importante, c'est de sentir qu'on doute de sa capacité d'intégrer une donnée ou une information pénible. Soit dit en passant, les enfants sont malheureusement souvent victimes de ce genre d'attitude.

Toute vérité est-elle pour autant bonne à dire? Non, bien sûr, mais si l'on se doit d'agir avec discernement, il n'en demeure pas moins que beaucoup de choses peuvent être dites; la différence réside surtout dans la façon dont elles sont révélées. Voici un exemple de communication entre un père et son nouveau-né où la parole transcende la difficulté de nommer ce qui, à prime abord, semble pourtant indicible. Cette histoire a été relatée par Françoise Dolto elle-même, et nous nous permettons de vous la résumer.

Un poupon dont la mère mourut peu de temps après sa naissance se mit à refuser le biberon. Le père, désemparé, ne sachant plus que faire, alla voir madame Dolto qui lui fit quelques recommandations: «Emmaillotez votre petit avec un vêtement imprégné de l'odeur de sa mère et expliquez-lui ce qui vous arrive à tous les deux. Parlez-lui franchement. Ditez-lui votre peine et votre désarroi, dites-lui aussi que sa mère le désirait, qu'elle l'aimait, mais que le sort fait en sorte qu'elle est morte, que vous êtes la seule personne à pouvoir vous en occuper et qu'ensemble vous arriverez à vous tirer d'affaire. Dites-lui que vous avez besoin de lui.» Le père exécuta cette prescription et, à sa grande joie, l'enfant recommença à se nourrir. Ce bébé n'était certes pas en mesure de comprendre les contenus cognitifs du discours, mais il fut néanmoins sensible à ses contenus émotifs, aux modulations et aux intonations de la voix paternelle, au langage non verbal ainsi qu'à la trace olfactive de la mère. Tous ces éléments réunis permirent au père et à l'enfant d'établir une communication ouverte et sensée.

• Les rôles

Les rôles comportent un certain nombre de tâches, d'attributions et déterminent souvent le statut propre à chaque membre du système. S'il est vrai qu'au départ ils découlent de la position occupée dans la famille, ils sont cependant en mutation. En effet, ils se transforment et évoluent afin de satisfaire aux besoins du système. Un rôle confère généralement un statut particulier qui comporte des droits, des privilèges, des pouvoirs mais aussi des devoirs et des obligations.

Certains penchants apparaissent chez certains membres de la famille et ont pour effet de faire émerger des rôles qui n'ont pas de lien direct avec le rang occupé. Il s'agit de **rôles idiosyncrasiques**, c'est-à-dire de rôles obtenus en raison de dispositions particulières, de traits de caractère ou de personnalité qui caractérisent un individu.

Si les positions ne sont pas interchangeables (sauf, bien sûr, en cas de décès), les rôles, eux, peuvent cependant le devenir. Un enfant mûr ou plus responsable qu'on l'est à son âge pourrait, par exemple, se prêter au rôle d'aîné même si, dans les faits, il n'occupe pas ce rang. On peut facilement imaginer l'impact qu'aurait ce genre de situation sur les rapports humains dans tout le système et, particulièrement, entre les deux enfants concernés. Dans un même ordre d'idée, un enfant qui ferait montre de qualités particulières (comme un sens aigu de la justice) pourrait servir de tampon entre deux personnes, d'arbitre, de modérateur ou bien de réconciliateur. Dans chacun de ces cas, il exercerait à juste titre un rôle et un pouvoir déterminants dans la gestion des tensions et des conflits familiaux.

Il existe aussi certains rôles beaucoup moins glorieux au sein de la famille: celui de mouton noir ou de bouc émissaire, par exemple. Vraisemblablement, si ces rôles existent, c'est qu'ils exercent une fonction, autrement ils ne seraient pas apparus. L'utilité d'un rôle justifie à elle seule son existence. D'ailleurs, cette affirmation est valable et se vérifie pour chacun des rôles joués par les membres de la famille. L'existence d'un «mauvais rôle» est toujours un indice révélateur de problèmes à l'intérieur du système et, par conséquent, de la nécessité de procéder à des ajustements. Malheureusement, beaucoup de familles ont tendance à identifier un des membres comme la source du problème au lieu d'évaluer le fonctionnement de la cellule et d'en réviser les règles. Cela étant dit, quel que soit le rôle qu'une personne détient dans un système familial, il comporte toujours des bénéfices et des exigences.

En cas d'imbroglio, il est souvent utile de préciser la fonction des rôles de chacun afin de déterminer leur influence réciproque. Ainsi, peut-on visualiser plus clairement la répartition du pouvoir et le genre de leadership exercé par ceux qui détiennent les rôles clés. Pour une meilleure compréhension du système familial, il est toujours très instructif de se questionner sur la nature et le pourquoi des rôles idiosyncrasiques, tout particulièrement lorsque le système subit une perturbation importante comme l'est souvent la mort d'un de ses membres.

Temps de réflexion
Le deuil dans la famille

• Est-ce que je reconnais l'existence d'un phénomène de dépendance réciproque entre les membres de ma famille?

Si oui, pourquoi?

Sinon, pourquoi?

• Je réalise ma carte familiale ou j'exécute tout autre schéma me permettant de visualiser la position des membres de ma famille et les décès qui sont survenus dans mon système.

• À quel type de famille est-ce que j'appartiens?

D'après chacun des points étudiés dans ce chapitre, quel serait mon profil familial?

Que puis-je dire à propos du degré d'ouverture de mon système familial?

Qu'en est-il des règles, de la communication et des rôles dans ma famille? Je prends note de ce qui me semble le plus marquant et je cherche des exemples.

**À partir de ces pistes,
je poursuis mon questionnement
et je note mes réflexions sur:**

Mon type de famille

L'ouverture de mon système familial

Les règles qui y prévalent

Le type de communication

Les rôles de chacun

Ce qui peut nuire

- Penser que les autres membres de ma famille vivent leur deuil de la même manière que moi;

- M'imaginer que je suis seul à souffrir;

- Nier les perturbations soulevées par la mort de _____ _____ dans la famille;

- Rendre secrètes les circonstances dans lesquelles la personne est décédée, ou faire en sorte qu'elles deviennent taboues;

- Ne pas être clair quand je communique avec certains membres de ma famille (par exemple, filtrer l'information, faire des allusions, émettre des sous-entendus);

- Passer par un membre de ma famille pour transmettre un message à quelqu'un d'autre, au lieu de m'adresser directement à la personne concernée;

- Me taire plutôt que d'exprimer ce que j'ai à dire.

Ce qui peut aider

- Respecter le vécu des autres;

- Rester solidaire du groupe familial tout en affirmant mes différences;

- Communiquer le plus clairement possible avec tous;

- Prendre le temps de régler les conflits dans lesquels je suis engagé pour éviter que ceux-ci dégénèrent;

- Ne pas rester sur des impressions ou des perceptions négatives; aller vérifier, demander des éclaircissements aux personnes concernées.

Ce qui me nuit actuellement
ou pourrait me nuire

Ce qui m'aide actuellement
ou serait susceptible de m'aider

Chapitre 5

Les perturbations du milieu familial: l'impact de la mort selon le cycle de la vie familiale

Lorsque survient un décès dans une famille, la perception de l'événement diffère d'une personne à l'autre, ce qui rend difficile la mesure de son impact. C'est pourquoi il est si important de bien reconnaître les répercussions et de déterminer les modifications que le deuil engendre chez chacun des membres ainsi que dans l'ensemble du système familial. Au risque de nous répéter, nous insistons sur le fait qu'une réaction qui apparaît chez une personne en entraîne nécessairement une chez les autres membres du même système. Aucun individu ne peut, dans ce cas, être neutre, si bien que l'absence de réaction apparente est déjà en soi une forme de réaction. Cette influence s'explique par le phénomène de l'interrelation affective selon laquelle chaque membre de la famille exerce une certaine force d'attraction ou de pouvoir sur les autres.

L'impact de la mort se fait parfois sentir pendant des années, entraînant dans son sillon une série d'événements qui ne se seraient pas forcément produits, n'eut été le choc provoqué par la disparition d'un membre de la famille. C'est ce qu'on désigne sous le nom de **phénomène d'ondes de choc**. En voici un exemple. L'aîné d'une famille de trois garçons se fait happer par une voiture et décède à la suite de ses blessures. Dans les mois suivants, on diagnostique un problème d'asthme chez le deuxième fils, alors que le troisième présente subitement un problème d'énurésie. Le père boit de plus en plus et devient alcoolique après quelques années. La mère développe un ulcère et souffre de somnambulisme. Cet exemple peut vous paraître exagéré. Cependant, il n'est pas rare qu'on découvre qu'un deuil important s'avère le fil conducteur d'une série d'événements apparemment non reliés entre eux. Outre les problèmes de santé qui surviennent parfois, il peut aussi y avoir d'importants changements de comportement ou d'attitude face à la vie: désœuvrement, démission, délinquance, sexualité débridée, toxicomanie, désintéressement du travail, des études ou du projet familial.

La mort se fait sentir de manière inégale aux différents cycles de la vie familiale. Même si l'événement survient à une étape bien précise du développement de la cellule familiale, nous ne pouvons pas pour autant affirmer que son impact sera plus grand à une certaine étape et moindre à une autre. La déstabilisation provoquée par le deuil dépend de l'**âge** des membres de la famille, de la **tâche** qui prédomine entre eux à cette période donnée et du **type de fonctionnement** dont le système s'est doté. C'est sans doute ce dernier élément qui constitue le point nodal de l'impact mesurable de l'événement par rapport à l'adaptabilité du système et à la poursuite de la vie quotidienne.

Selon Houde (1986)[3], il y aurait cinq grandes étapes dans l'évolution d'une famille. Nous les examinerons tour à tour en regard des répercussions suscitées par la disparition de l'un de ses membres.

La phase d'établissement

Le projet de vie à deux, avec ses buts et ses objectifs spécifiques, commence à se concrétiser. C'est la mise en ménage qui correspond à la période initiale de cohabitation où les conjoints s'adaptent l'un à l'autre. Lorsque la mort survient à cette étape, le projet

---

3. HOUDE, Renée. *Les temps de la vie: le développement psychosocial de l'adulte selon la perspective du cycle de vie*, Chicoutimi, Gaëtan Morin, 1986.

familial qui venait de débuter est définitivement interrompu, anéanti. La famille est pour ainsi dire dissoute avant même d'avoir pu véritablement se constituer. Le survivant voit ses aspirations contraintes, son rêve brisé, ce qui le place dans une position particulièrement pénible.

La plupart du temps, à moins de raisons exceptionnelles, chacun des conjoints a présenté son partenaire à sa famille d'origine. Quelles influences ces personnes (individuellement et en couple) ont-elles exercées sur les systèmes familiaux en présence? Comment chacun a-t-il marqué la famille de l'autre? Pour le survivant, les relations familiales qu'il entretient avec sa propre famille et sa belle-famille peuvent faciliter le processus de deuil ou, au contraire, le rendre plus laborieux. Cela dépend d'une multitude de facteurs, notamment de l'affection et de la qualité des liens qui unissent les personnes. Monsieur et Madame Dubé* perdent accidentellement leur fils de vingt-cinq ans qui s'était marié l'année précédente. Ils ont trois autres enfants, dont un encore à la maison. Dans l'exemple qui suit, nous proposons quelques scénarios d'attitudes de la part des parents du jeune marié à l'endroit de la veuve.

Scénario 1

Les Dubé coupent définitivement les ponts avec leur belle-fille.

Scénario 2

Madame désire se rapprocher de sa belle-fille, tandis que Monsieur affirme ne plus vouloir la fréquenter maintenant que leur fils est mort.

Scénario 3

Monsieur cherche un rapprochement alors que Madame s'y refuse.

Scénario 4

Le couple Dubé considère leur belle-fille comme faisant partie de leur vie, de leur famille. Ils entretiennent avec elle une relation soutenue et chaleureuse.

---

*   Nom fictif.

Scénario 5

Les Dubé maintiennent des contacts sporadiques, polis, mais plutôt froids et distants.

Ces scénarios, aussi plausibles les uns que les autres, ne rendent pas compte des préoccupations de la jeune veuve. De son côté, que désire-t-elle? Maintenir ou cesser la relation avec la belle-famille? Selon le scénario mis de l'avant, elle se sentira rejetée ou, au contraire, chaudement accueillie. Et les autres enfants des Dubé, comment vont-ils se situer chacun par rapport aux réactions parentales? Par exemple, en présence du scénario 1, oseront-ils revoir leur belle-sœur s'ils en éprouvent le désir? Cet exemple hypothétique met en lumière une fois de plus l'interdépendance des membres du système.

La phase de nouveaux parents

Cette deuxième phase du cycle de la vie familiale coïncide avec l'arrivée d'un premier enfant et, s'il y a lieu, des enfants subséquents. Souvent, elle s'étend sur quelques années, parfois beaucoup plus, comme dans le cas d'une famille où le deuxième enfant naîtrait alors que l'aîné atteint déjà l'adolescence.

Le décès d'un des deux parents lorsque la famille est encore jeune modifie parfois son parcours de façon décisive. Par exemple, il avait été prévu que la mère resterait auprès de ses enfants pendant la période préscolaire; l'obligation soudaine d'assurer la subsistance de la famille peut entraîner un retour prématuré sur le marché du travail. Le conjoint survivant se voit contraint d'élever seul les enfants, ce qui provoque un important changement.

Si le veuf ou la veuve se remarie un jour, la famille subira encore une modification importante dans son système. Précisons tout de suite qu'autant il peut être pénible de s'adapter à l'absence d'un des membres du réseau familial (parent ou enfant), autant il peut s'avérer difficile de se faire à la venue d'un nouveau membre (conjoint ou enfant).

Lorsque l'un des deux parents décède, les jeunes enfants sont privés d'un modèle parental significatif et, même s'ils peuvent bénéficier d'un substitut adéquat, nous savons tous que ce n'est jamais comme le «vrai parent».

Peut-on savoir ce qui se passe vraiment dans la tête et le cœur d'un enfant lorsque la mort emporte un membre de la famille? Un bambin de six ans dira à sa maman: «Ne t'en fais pas, on va enfin pouvoir se marier toi et moi, maintenant que papa est parti.» Une petite fille voyant ses parents inconsolables depuis le décès de sa sœur cadette, morte d'une leucémie, se demandera le plus sérieusement du monde si ses parents auraient eu moins de chagrin si c'était elle qui était décédée.

Les rôles, les tâches, les statuts, les pouvoirs, les privilèges, bref, les rapports entre frères et sœurs sont en grande partie fonction de leurs positions respectives dans la famille. À lui seul, le rang peut définir les règles qui régissent la fratrie. Lorsque l'un des enfants décède, cela entraîne une modification du rang dans la famille et suscite souvent un réajustement des rôles. Ainsi, si c'est l'aîné qui meurt, celui qui jusqu'ici occupait la position de deuxième se retrouve premier; à cause de ce changement, il se pourrait qu'il hérite du mandat correspondant tacitement à cette position. Lorsque c'est le cadet qui décède, l'avant-dernier de la famille se retrouve soudainement le nouveau benjamin.

Lorsqu'un enfant meurt à ce stade-ci du cycle de vie familiale, le désir d'avoir des enfants peut jouer un rôle déterminant dans le processus de deuil qui s'amorce pour les parents. Par exemple, un couple désireux de fonder une grande famille a vu son rêve basculer quand, après la naissance d'un premier enfant, les grossesses ultérieures se sont toutes soldées par un échec. Depuis son premier accouchement, l'épouse souffrait d'un renversement de l'utérus de sorte qu'elle ne pouvait mener ses grossesses à terme; elle avortait spontanément vers le quatrième mois. Elle perdit ainsi cinq enfants: autant de deuils à faire par l'épouse, par le conjoint et par le fils qui attendait impatiemment la venue d'un petit frère. Le couple se devait de renoncer à son rêve de fonder une grande famille.

La phase de l'éducation des enfants

Selon l'expression courante, la famille est maintenant établie. C'est la période au cours de laquelle les parents se consacrent à l'éduca-

127

tion des enfants: ils les assistent dans leurs apprentissages, les soutiennent, les stimulent, les guident, leur inculquent des valeurs et leur procurent des balises et des points de repère.

Les enfants grandissent et se développent. Ils deviennent plus autonomes et s'affirment davantage quant à leur singularité. Les rôles des enfants au sein du système ne découlent plus uniquement de la position occupée, ils se précisent en regard de certains attributs ou habiletés spécifiques. Ainsi, voit-on apparaître les rôles idiosyncrasiques: l'un deviendra le comique de la famille, l'autre, le boute-en-train ou le rayon de soleil. L'intellectuel, le jardinier, le psychologue, l'artiste ou le sportif seront bientôt reconnus pour leurs talents particuliers. Des traits de caractère apparus très tôt se cristallisent et font désigner tel enfant par tel qualificatif: le taciturne, le jovial, l'indépendant, l'explosif, le fonceur, l'inquiet, et d'autres encore. Plus la famille évolue, plus ses membres se distinguent et se différencient, ce qui implique que l'interrelation s'élargit, devient plus importante, plus vivante et en quelque sorte significative. Il se crée des rapports particuliers, uniques, entre certains membres du système, en fonction des goûts, des préférences, des affinités et des oppositions. On voit également émerger des alliances et des coalitions entre les membres de la famille.

La mort qui survient à ce stade bouleverse à la fois les habitudes, les règles, les rôles et les tâches. Parfois, la mort entraîne des réajustements importants de l'organisation familiale. Lorsqu'un des enfants décède au cours de cette étape, il faut considérer non seulement le vide qu'il laisse autour de lui, mais aussi la façon dont il a marqué le système et laissé sa trace. «Avant c'était ma sœur qui faisait la vaisselle, même si elle était plus jeune que moi, raconte une fillette de dix ans. Elle aimait s'affairer dans la cuisine. Maintenant, maman m'oblige à l'aider et je n'ai plus assez de temps pour jouer.»

Jean-Claude, quatorze ans, raconte: «Mon frère était très bon en maths. Quand je n'arrivais pas à résoudre un problème ou que j'étais en retard dans mes travaux, il acceptait toujours de m'aider. Maintenant je suis seul pour tout faire, y compris sortir les poubelles.»

Lorsqu'un enfant meurt, il arrive souvent que les parents déplacent les attentes et les espoirs qu'ils entretenaient à son endroit vers un autre enfant du système, identifié comme un substitut potentiel. Cela peut également se produire aux phases suivantes du cycle de vie familiale car, en fait, plus l'avenir de l'enfant qui est décédé semblait se dessiner avec clarté, plus il est douloureux pour les parents d'accepter que cet avenir ne se réalise pas. Ils risquent ainsi de pousser un des autres enfants dans une direction qui ne lui convient pas. Par exemple, une fille marchait si bien sur les traces de son père qu'elle était destinée à assumer la succession de l'entreprise. Après sa mort accidentelle, le fils subit des pressions pour faire des études le rendant apte à «remplacer» sa sœur. Selon ses propres inclinations, il se destinait à la musique et non à l'administration d'une quincaillerie.

Certaines tragédies frappent à un point tel que les perceptions de la vie sont à jamais transformées. Une famille avait l'habitude d'aller à la mer tous les étés, ce qui fut vite interrompu après la noyade du père et du grand-père. À la rentrée, les enfants se sont vus privés de natation. Ce sport fut soudainement considéré comme trop dangereux, alors que la mère consentit à acheter une motocyclette au plus âgé. Dans une autre famille, il est interdit de s'amuser avec insouciance parce qu'une mort dramatique est survenue au cours d'une partie de plaisir. C'est le cas de Brigitte, dont le petit frère est mort étouffé par sa nourriture pendant le repas de noces de tante Alice. Par la suite, la famille refusa de participer à des fêtes familiales réunissant plusieurs invités.

Certains enfants héritent d'une tâche ou d'un mandat précis à la suite du décès d'un parent. La mort peut signifier une modification de rôle majeure. Tacitement, l'enfant accepte ces changements ou les propose lui-même spontanément, pour plusieurs raisons: il ne veut pas décevoir son parent, il se sent reconnu, valorisé dans l'exercice d'un nouveau rôle, il a besoin de prouver ses capacités, ses compétences, ou on ne lui en laisse pas le choix; nécessité oblige, dit-on souvent. Après la mort de sa mère, Line s'est retrouvée prématurément dans le rôle de substitut maternel auprès de ses frères et sœurs avec tout ce que cela impliquait de renoncement et d'adaptation pour une adolescente de douze ans. Certes, cette expérience lui permit de faire de nombreux apprentissages, mais à un prix qui lui parut souvent beaucoup trop élevé. Autre cas, celui du décès du parent qui était le principal soutien financier. Ce drame entraîne parfois un revirement de situation. Un étudiant prometteur a été forcé d'interrompre sa première année d'études universitaires pour se substituer au père pourvoyeur. D'ailleurs, fait peu anodin, il obtint la place qu'occupait son père à l'usine. Il attendit que le plus jeune de ses frères soit autonome pour enfin songer à lui. À trente-neuf ans, il se décida à épouser sa fiancée qu'il fréquentait depuis treize ans.

La phase post-parentale

La famille entre dans la phase post-parentale à mesure que les enfants commencent à quitter la maison. Leur départ peut être progressif ou s'avérer définitif. C'est souvent ce qui se produit lorsqu'un enfant laisse sa famille pour se marier et fonder sa propre famille.

Le qualificatif post-parental vient préciser que le **rôle actif d'éducation** est maintenant **terminé**. Cela implique que les parents, tout comme les enfants d'ailleurs, doivent établir entre eux un nouveau type de rapport où, idéalement, il devrait y avoir égalité. À ce stade-ci du cycle de vie familiale, l'autorité parentale cède normalement la place à la mutualité de la relation. Les besoins ne sont plus les mêmes qu'autrefois: l'autonomie et la différenciation remplacent la dépendance et l'identification.

Mais dans notre société actuelle, la période d'adolescence a tendance à vouloir se prolonger. Souvent, les jeunes étudient plus longtemps que ne le faisaient leurs parents, les emplois permanents et à temps plein sont devenus rares, de sorte que de jeunes adultes, de dix-huit à parfois même une trentaine d'années, habitent encore chez les parents ou restent dépendants d'eux pour certains besoins matériels (logis, nourriture, vêtements, loisirs, études, etc.).

Ces situations familiales sont parfois bien vécues. Les enfants se sentent libres d'aller et venir à leur guise et, malgré une certaine dépendance sous maints rapports, ils sont reconnus comme des êtres autonomes. Parfois cependant, la relation parent-enfant n'évolue pas dans ce sens et la dépendance envers les parents, nourrie du fait que le jeune adulte n'a pas encore atteint sa pleine autonomie financière, peut entraîner un maintien plus ou moins rigide de l'autorité parentale. Celle-ci, dans certaines circonstances et selon la personnalité des parents, peut devenir un véritable joug.

Le départ des enfants permet aux parents d'avoir plus de temps à eux. Le couple se retrouve en tête-à-tête comme aux premiers temps de la vie commune. Pendant que les enfants font désormais face à leur propre vie, qu'ils s'actualisent dans leurs projets spécifiques (études, travail, unions, procréation, etc.), les parents de leur côté entrent en retraite ou s'apprêtent à le faire. Souvent au même moment, ils voient arriver les premiers petits-enfants. Il y a donc, du côté des rôles et des tâches, d'importants changements qui s'opèrent pour chaque membre du système familial, ce qui nécessite encore une fois une grande part d'adaptation.

Lorsqu'un décès se produit au début de cette phase du cycle de la vie familiale, il arrive que l'événement précipite ou retarde le départ des enfants qui restent. La mort d'un parent ou d'un membre de la fratrie peut susciter une telle réflexion et un tel processus de maturation que le jeune adulte se sent bientôt prêt à affronter sa vie. L'aspiration bien légitime de mener sa vie à sa façon fait surface, ses buts se précisent et font en sorte que son départ de la maison familiale s'effectue plus tôt que prévu. Dans ce cas-ci, il pourrait également s'agir d'une fuite du système, surtout si le décès en question a provoqué d'importantes perturbations. Si, au contraire, un départ prévu à plus ou moins court terme est retardé à cause d'un décès dans la famille, il y a peut-être confusion des rôles et des buts, de sorte que le jeune adulte n'a pas la force ou la possibilité de partir le moment venu. Il faut envisager le fait qu'il soit retenu ou manipulé par l'un ou l'autre des parents ou par les deux. Cette manipulation peut s'exercer dans le sens de l'obliger à quitter la famille ou à y rester.

Pour des parents, il est fort pénible de vivre le deuil d'un enfant à cette étape précaire où ils sont en train de s'adapter à leurs nouveaux rôle et statut (ceux de couple vivant désormais seul, de préretraités ou retraités, de grands-parents, etc.). Il n'est pas rare que la perte d'un enfant, surtout si le projet familial constituait une véritable mission, soit éprouvée comme une absurdité totale, venant en quelque sorte détruire tout ce qui a été réalisé sur le plan familial. En vieillissant, les parents ne s'attendent-ils pas à ce que leurs enfants leur survivent? Avec l'âge et ses inconvénients, certains parents en viennent à s'accrocher à leurs enfants, leur demandant réconfort et soutien. À la limite, on assiste à un renversement des rôles.

À la suite du décès d'une fille mariée, âgée de trente et un ans, des parents, jusque-là respectueux de l'autonomie de leurs enfants et respectant leur liberté d'action, ont soudain commencé à s'immiscer à tout propos dans leur vie privée. Le chagrin et, vraisemblablement, la peur d'une autre perte ont fait que, soudain, ils se sont sentis redevenir responsables du bonheur et de l'existence de leurs enfants, comme à l'époque où ils étaient tous regroupés dans une seule et même famille. Les enfants acceptaient difficilement ce changement d'attitude subit de la part des parents, d'autant plus qu'il provoquait des tensions et entraînait des conflits.

La phase du veuvage

Dans ce dernier cas, la phase de veuvage coïncide avec la mort d'un des parents, alors que les enfants ont quitté le domicile familial. Le couple qui vivait seul est maintenant dissous par la mort; le système familial s'en trouve lui aussi modifié.

Il arrive souvent que des gens qui ont trimé dur toute leur vie s'attendent enfin au repos. Ils envisagent gaiement la retraite et le moment de se retrouver seuls entre conjoints. Ils fondent de nouveaux espoirs, entrevoient une belle perspective d'avenir et, soudain, l'un des partenaires décède. Cet événement provoque souvent une grande déstabilisation chez le veuf ou la veuve. De forts sentiments de colère et d'injustice peuvent apparaître, aussi bien chez les enfants que chez le conjoint survivant.

Parce que l'interrelation des membres du système est souvent moins fréquente ou continue dans le quotidien, on aurait tendance à croire que le décès d'un des parents à ce stade-ci (ou même au précédent) a moins d'impact, entraîne moins de conséquences sur le plan de la réorganisation du système familial. C'est partiellement vrai et, encore, pas toujours. D'ailleurs, comment pourrions-nous mesurer cet impact? Beaucoup d'adultes conservent une espèce de nostalgie envers leur famille d'origine, nostalgie qui grandit à mesure que le processus de démembrement de la famille s'accroît. Rien ne sera plus comme avant, entend-on souvent dire après le décès d'un des parents.

* * *

La partie traitant des perturbations subies par le milieu familial lors d'un décès prend fin ici. Toute crise induit des changements importants dans l'enceinte familiale. Le deuil n'échappe pas à cette règle. Aussi peut-il devenir une occasion bilan permettant, par exemple, de régler des dissensions ou de favoriser des rapprochements.

Temps de réflexion

L'impact de la mort de _____ *sur le*
cycle de vie familiale

- À quelle étape du cycle de vie familiale ma famille se situe-t-elle?
  — d'établissement
  — de nouveaux parents
  — d'éducation des enfants
  — post-parentale
  — de veuvage

- Comment fonctionne notre famille?
  Quel genre de rapports entretenons-nous les uns avec les autres?
  Qu'est-ce que la mort de _____ change dans notre organisation familiale?

- Qui vit encore dans l'enceinte du système familial et qui se trouve actuellement à l'extérieur?
  Quelles en sont les raisons? Quel est l'âge des membres de ma famille?

- Depuis la mort de _____ , est-ce que j'ai noté des changements importants de comportements ou d'attitudes chez moi et chez les autres membres de la famille? Si oui, lesquels?

À partir de ces pistes,
je poursuis mon questionnement
et je note mes réflexions sur:

L'étape actuelle de ma famille selon le cycle de la vie familiale

Le fonctionnement de notre famille à cette étape

Les changements importants d'attitudes et de comportements depuis le décès

Ce qui peut nuire

- Minimiser l'impact du décès sur l'organisation familiale: autrement dit, fermer les yeux sur les changements qui s'opèrent depuis la mort de _____;

- Croire que rien ne peut être amélioré dans notre manière de fonctionner ou affirmer que cela ne vaut pas la peine d'essayer. Par conséquent, démissionner;

- Compter uniquement sur le vieil adage: «Le temps arrange bien des choses».

Ce qui peut aider

- Prendre conscience des perturbations et des changements que le décès amène chez les membres de ma famille, moi y compris;

- Essayer de faire des liens entre ces changements et la manière dont fonctionne notre système familial;

- Refuser d'être utilisé par les autres, lors de conflits, quand cela m'apparaît malsain;

- Ne pas «porter» la famille sur mes seules épaules; renvoyer les autres à leurs responsabilités, le cas échéant;

- Prendre ma place au sein de la famille tout en respectant celle des autres;

- Faire ce qui est en mon pouvoir pour collaborer à maintenir l'harmonie familiale;

- Dénoncer les règles qui me semblent désuètes;

- Proposer les ajustements que je crois nécessaires concernant nos règles, nos rôles respectifs et nos manières de communiquer.

Ce qui me nuit actuellement
ou pourrait me nuire

Ce qui m'aide actuellement
ou serait susceptible de m'aider

Chapitre 6

Les enfants, la mort et le deuil

Il arrive que les enfants soient mal compris ou laissés à eux-mêmes au cours d'une période de deuil. Les adultes, absorbés par leur propre chagrin, ont souvent tendance à les tenir à l'écart de cette expérience difficile. Pourtant, ces derniers ressentent les perturbations consécutives au décès, et leurs réactions influent également sur le climat familial. Cependant, les enfants n'obtiennent pas toujours le soutien dont ils auraient besoin. Cet état de chose ne provient pas d'une mauvaise volonté de la part des adultes qui entourent l'enfant, mais bien plus souvent d'un manque de connaissance de son cheminement vers la compréhension et l'intégration du phénomène de la mort. Une fois parvenu à l'âge adulte, nous oublions facilement que notre entendement de ce phénomène s'est développé durant de nombreuses années; cette compréhension s'est effectuée en passant par les curieux méandres de l'intelligence humaine, du développement de la mémoire et de l'acquisition de la pensée formelle.

C'est pourquoi nous avons pensé faire état maintenant des processus de développement cognitif et affectif par lesquels l'enfant accède à une compréhension de la mort et du deuil. Notre but est de sensibiliser l'adulte au fait que l'enfant fonctionne et réagit selon une logique spécifique au stade de développement où il se situe. Nous espérons ainsi aider les parents à se sentir plus à l'aise face aux réactions des enfants et d'être aussi en mesure de leur procurer l'assistance nécessaire.

Les groupes d'âge sont mentionnés à titre indicatif et peuvent varier selon divers facteurs; les stades de développement et les réactions dont il est question peuvent se chevaucher, s'abréger ou se prolonger. Il ne faut donc pas tenir compte de ce découpage de façon trop catégorique. Aussi, se peut-il fort bien qu'un enfant de votre connaissance — ou même le vôtre — se situe en deçà des réalités ou des comportements décrits.

La petite enfance (0 à 12 mois) et le bas âge (12 mois à 3 ans)

L'acuité émotive et sensorielle est caractéristique de ces enfants. Même s'ils ne sont pas en mesure de saisir la portée d'un événement comme celui d'un décès dans la famille, ils réagissent néanmoins à partir de ce qu'ils perçoivent dans leur environnement humain. Ainsi, les perturbations qui apparaissent chez les membres de la famille affectent par ricochet les jeunes enfants. C'est surtout le phénomène de l'interdépendance émotive qui entre ici en jeu. Ce phénomène, bien que présent tout au long de l'existence, est particulièrement prégnant à cette étape où les processus cognitifs ne sont pas suffisamment développés pour permettre une compréhension globale de la perte. C'est avant tout sur un mode sensoriel que l'enfant appréhende le monde, qu'il éprouve les êtres, les choses et les événements; c'est pourquoi il réagit aux changements avec ses sens.

La relation fusionnelle qui unissait le fœtus à la mère pendant la grossesse laisse des traces indélébiles. La naissance, parce qu'elle rompt le lien charnel avec le corps maternel, serait pour la plupart d'entre nous un événement traumatisant provoquant l'angoisse de la séparation. Pendant les premiers mois de sa vie, le bébé n'a pas conscience d'exister en dehors de sa mère (ou de son substitut). Chaque éloignement, même bref, est perçu comme un abandon, une menace de destruction de son monde, et ranime l'angoisse de la séparation. On croit que la réactivation inconsciente de cette angoisse de séparation serait une des composantes de la souffrance du deuil. Lorsque la mère touche l'enfant, le caresse, le nourrit, il ne la différencie pas encore de son propre corps; comme si elle faisait partie de lui ou qu'elle était son prolongement. Le plus souvent, la mère, en tant que source nourricière, constitue la première figure d'attachement. Les auteurs ne s'entendent pas tous sur l'âge où l'enfant prend conscience d'être séparé de sa mère ou de la personne qui lui prodigue ses soins. Certains situent cet apprentissage vers les huit ou neuf mois, alors que d'autres affirment que la différenciation commence déjà à s'opérer vers les trois ou quatre mois. Chose certaine, le premier rapport au monde s'établit dans la relation symbiotique mère-enfant puis, progressivement, cette relation se différencie et s'étend aux autres personnes de son entourage (père, frères et sœurs).

Durant les premiers mois de sa vie, l'enfant croit que les personnes et les objets existent dans la mesure où il peut les percevoir. Une chose située en dehors de son champ visuel n'existe tout simplement pas pour lui. À preuve, dès que sa mère disparaît, le nourrisson peut pleurer à fendre l'âme et, sitôt qu'elle réapparaît, se mettre à sourire.

On pense qu'avant l'âge de trois ans, l'enfant n'a aucune représentation mentale de la réalité de la mort; tout au plus peut-elle vaguement être associée à une absence, à une séparation, à un départ.

Au cours de ces deux périodes de développement que sont les douze premiers mois et le bas âge, l'enfant est aussi très égocentrique. Il est centré sur son bien-être physique et psychologique. Lorsqu'il est satisfait, il vit dans un état de quasi-béatitude; insatisfait, il éprouve la moindre contrariété avec un vif déchirement et peut devenir très colérique. Souvent, tout manque ou toute absence peut lui être insupportable et lui donner le sentiment d'être annihilé, dépossédé de lui-même, ou que son monde est en perdition. Cependant, en satisfaisant aux besoins primaires du jeune enfant (nourriture, affection, sécurité), l'adulte lui permet d'acquérir une certaine confiance en la vie et de développer le sentiment d'être digne de recevoir tout ce dont il a besoin pour survivre et se développer normalement.

L'enfant s'appuie sur ce début de sécurité affective et matérielle que lui procure la satisfaction de ses besoins pour apaiser ses angoisses de séparation, ressenties si fortement à certains moments de la petite enfance. Ainsi, il poursuit ses avancées et continue à se développer. Son corps se perfectionne, il acquiert davantage de dextérité, le langage s'élabore, il apprend à marcher. Le sentiment de sécurité grandissant, il devient plus fonctionnel, plus autonome, plus audacieux et compétent dans ses explorations. De là se renforce l'espoir et naît la certitude d'être valable en ce monde. C'est sur ces bases que se construit l'identité.

En résumé, la peur d'être abandonné, l'égocentrisme ainsi qu'une sensibilité souvent exacerbée caractérisent le jeune enfant. Par conséquent, si, pour une raison ou pour une autre, il est privé de sécurité et de régularité dans ses soins, l'enfant pourrait avoir de la difficulté à poursuivre ses apprentissages et à faire face à la vie. Le monde pourrait lui apparaître hostile et menaçant. Lorsque survient un décès dans la famille, il ne faut surtout pas minimiser l'impact de l'événement sur les jeunes enfants sous prétexte qu'ils ne comprennent rien à ce qui se passe. Leur compréhension n'est pas cérébrale mais, rappelons-le, sensitive; s'ils n'ont pas un fonctionnement intellectuel comme le nôtre, ils n'en sont pas moins très réceptifs aux perturbations et aux changements subis par les personnes de leur entourage. Le jeune enfant, de par sa dépendance vis-à-vis de l'adulte, est vulnérable et fragile. Il est donc nécessaire de l'entourer de manière sécurisante et de donner satisfaction à ses besoins de base au moment opportun; il en va de son équilibre ultérieur.

L'âge préscolaire (3 à 5 ans)

Il est quasi impossible d'aborder le sujet de la mort avec l'enfant tant qu'il n'a pas acquis un langage culturel et social suffisamment développé, ce qui se produit généralement vers trois ou quatre ans.

À partir de ce moment et jusque vers l'âge de sept ou huit ans, la curiosité de l'enfant est à son plus fort, ce qui explique le fait qu'il pose beaucoup de questions relativement à la mort et sur ce qui se passe après. Ces questionnements sont normaux et présents chez la plupart des enfants, mais ils peuvent être encore plus intenses chez ceux qui sont témoins d'un décès dans leur entourage car, lorsque cet événement s'inscrit dans leur expérience, il devient une réalité plus concrète, plus palpable.

En possession d'un moi plus distinct, l'enfant d'âge préscolaire poursuit ses découvertes et s'aventure plus aisément dans le monde. Il cherche de plus en plus à maîtriser son environnement, mais n'y parvient encore que partiellement. Dans son exploration du monde, il touche à tout et cherche à découvrir le fonctionnement des choses. On sait qu'entre dix-huit et vingt-quatre mois, les processus cognitifs de l'enfant sont suffisamment développés pour lui permettre d'intégrer la notion d'objet permanent. C'est donc vers cet âge que l'enfant comprend que les personnes et les choses continuent d'exister en dehors de sa perception visuelle. C'est en bonne partie pour cette raison que, à mesure que l'enfant grandit et se familiarise avec la mort, il s'imagine que les personnes mortes continuent elles aussi d'exister, même s'il ne les voit plus. Le besoin de comprendre et de percer le secret des choses est à l'origine de l'avide curiosité qui anime l'enfant entre l'âge de quatre et sept ans. Par surcroît, l'imaginaire prend le relais pour pallier le peu de contrôle que l'enfant est capable d'exercer sur sa vie et sur son environnement. Aussi, est-ce vers cette époque que naissent ses fantasmes, particulièrement ceux concernant la mort et la vie après la mort.

La mort commence donc à prendre forme dans l'esprit et l'imaginaire de l'enfant; souvent, il se la représente comme une sorcière, un monstre ou un être malfaisant. L'enfant qui est déstabilisé par le chagrin d'avoir perdu une personne chère pourrait être la proie de cauchemars et de fabulations de toutes sortes, se voyant tantôt avalé tout rond, mutilé, rongé par des vers, tantôt perdu ou complètement seul sur la terre, par exemple. Encore à cet âge, le phénomène de la mort lui apparaît temporaire et réversible, ce qui est largement renforcé par la littérature enfantine et les dessins animés présentés à la télévision. Ne voit-on pas souvent les héros de ces histoires se faire tuer et revenir plus forts que jamais à la séquence suivante.

Ainsi, la curiosité incessante et l'intense besoin d'explication sur toute chose, les fantasmes relatifs à la mort, la nécessité de contrôler son univers, les limites dans l'exercice de ce contrôle et le sentiment de menace de destruction de son ego comptent parmi les principaux éléments responsables de l'élaboration de la croyance dans une certaine forme de réincarnation ou de vie résiduelle chez les morts.

Avant l'âge de cinq ou six ans, l'enfant attribue la mort à des causes magiques. Voici quelques-uns de leurs propos sur le drame: «Il est mort parce qu'il n'a pas donné la main à sa grande sœur pour traverséer la rue», «Il n'a pas écouté sa maman et il est allé se baigner tout seul», «Le ventre de M. Jean était beaucoup trop gros, il a éclaté comme un ballon.»

Les bambins posent souvent beaucoup de questions sur la mort, et encore plus s'ils sont témoins d'un décès dans la famille ou l'entourage. Comme nous venons de le souligner, leur besoin de comprendre est accru du fait qu'ils sont en période intense d'exploration. La pensée magique et les nombreux fantasmes que la mort suscite perdurent tant que l'enfant n'a pas complètement intégré le concept de finalité, ce qui se produit vers l'âge de sept ou huit ans.

Il est nécessaire d'apporter des éléments de réponses réconfortants et satisfaisants aux questions posées par l'enfant, sans pour autant outrepasser ses demandes. Il est préférable d'être nuancé et très prudent, particulièrement lorsqu'il s'agit de questions ayant trait au sens de la mort: «Pourquoi papa est-il mort?» «Vais-je mourir moi aussi?» «Ma petite sœur est montée au ciel, quand va-t-elle revenir?» «Qu'est-ce qu'on fait quand on est mort, est-ce que ça fait mal?» Il est souhaitable d'éviter de transmettre à l'enfant des conceptions d'adultes ou des explications erronées sur le sujet, ce qui risquerait de le perturber davantage. L'adulte peut très bien avouer qu'il ne connaît pas tout, mais qu'il croit ceci ou cela. En agissant de la sorte, le parent ou l'adulte évite que l'enfant ne confonde toutes sortes de croyances; il peut lui offrir des explications à la mesure de sa compréhension sans pour autant affirmer qu'il détient la vérité absolue. Ces considérations demeurent valables pour les enfants un peu plus âgés.

Jusque vers l'âge de six ou sept ans, l'enfant reste passablement égocentrique. Le pouvoir attribué à son propre imaginaire est, rappelons-le, typique de l'enfant d'âge préscolaire. Un drame intérieur déchirant peut éclater et le torturer pendant des mois, voire des années, s'il se croit responsable de la mort de quelqu'un.

Sous le coup de la colère, il arrive souvent que l'enfant désire momentanément la disparition (la mort) d'une personne qui l'a contrarié, que ce soit un parent ou un membre de la fratrie. Parfois, cela est intériorisé ou exprimé comme suit: «Je te déteste à mort», «Je veux qu'elle s'en aille», «Ah! si seulement j'étais seul avec maman!» La pensée magique caractéristique de ce stade de développement fait en sorte que l'enfant s'attribue le pouvoir de tuer ou de garder en vie les personnes de son choix. S'il a désiré voir quelqu'un disparaître et que cette personne décède peu de temps après, il croira volontiers que c'est lui qui a provoqué sa disparition. Il faut donc être attentif auprès des enfants pour déceler ce genre de pensée et les aider à corriger leur perception de l'événement en insistant sur les causes réelles et objectives du décès.

L'âge scolaire (5 à 9 ans) et la puberté (9 à 12 ans)

Jusque avant l'âge de cinq ou six ans, l'enfant pense que la mort est un phénomène temporaire et réversible. Souvent, il la conçoit comme une autre sorte de vie ou comme un prolongement de la vie actuelle, mais ailleurs, dans un autre monde. Par exemple, il croit que le mort est entouré par d'autres morts, qu'il parle, mange et dort; s'il s'agit d'un enfant, qu'il s'amuse; si c'est un adulte, qu'il travaille. Pour l'enfant, le mort continue de mener une vie «normale» en attendant de ne plus être mort et de revenir parmi les siens. Cette croyance est souvent nourrie par des adultes bien intentionnés qui, dans leurs propos, continuent de prêter vie au mort, ne serait-ce qu'en parlant de lui au présent, en affirmant qu'il est maintenant au ciel, que Dieu avait besoin de lui et que, pour cette raison, Il l'a fait venir dans son paradis. Il est permis de remettre en question la pertinence de ce genre de réponses faites à un enfant. D'aucuns se demandent si celui-ci ne subit pas une importante désillusion lorsqu'il découvre avoir été dupé, qu'il est faux que son papa vit là-haut, que jamais plus il ne reviendra (beaucoup d'enfants attendent le retour du mort). Si nous ne sommes pas certains de ce qu'il est bon de dire à l'enfant, nous pensons néanmoins que des réponses claires, justes, sans équivoque, conformes à la réalité sont de beaucoup préférables à des expédients magiques susceptibles d'engendrer une panoplie de scénarios dans l'imaginaire de l'enfant. L'adulte a certainement un rôle important à jouer pour contrer l'assaut des fantasmes chez l'enfant. La meilleure attitude à adopter est sans doute de dire la vérité, avec le plus de ménagement possible.

Une fillette de cinq ans demande à sa mère: «Grand-mère m'a dit que mon frère vit au ciel, est-ce vrai maman?» La mère répond: «Ce dont je suis sûre ma chérie, c'est que Sébastien est mort et que ça me fait beaucoup de peine à moi aussi. Rappelle-toi comment était son corps au salon funéraire; il ne bougeait plus, ne respirait plus, il ne ressentait plus rien, c'est comme ça quand on est mort. Et quand on est mort une fois, on l'est pour toujours, c'est fini. Mais les religions nous enseignent qu'après la mort d'une personne, son âme monte au ciel pour retrouver Dieu. Tu sais, c'est très difficile à comprendre la mort, même pour une grande personne.» La fillette est revenue à la charge avec sa question à propos du ciel: «Oui mais, le ciel de grand-maman, est-ce qu'il existe?» «Personne ne sait s'il existe vraiment le ciel, répondit sa mère. Même moi je n'en suis pas sûre. Vois-tu, jamais une personne morte n'est revenue sur la terre pour nous en parler, alors comment savoir si c'est vrai ou si c'est faux qu'il existe. Mais grand-maman et moi aussi je crois, ça nous fait du bien, ça nous réconforte de penser qu'il y a un ciel et que Sébastien y est maintenant. Ce que je crois et ce que je sens, et toi aussi j'en suis sûre, c'est que Sébastien continuera de vivre longtemps dans notre cœur et nos pensées, il nous manque beaucoup et nous l'aimerons toujours. Tu peux lui dire tout ça, tu sais, tu peux lui parler dans ton cœur.» Dans cet exemple de dialogue, on sent bien l'intelligence subtile de la mère qui, dans ses explications, n'induit pas sa fillette en erreur, mais tente plutôt de lui présenter la situation avec objectivité et réalisme, tout en lui faisant part de ses propres interrogations et de son chagrin.

C'est généralement entre sept et neuf ans (parfois un peu plus tôt) que l'enfant conçoit la mort comme définitive, irréversible et non plus comme un épisode passager. Cependant, il n'a pas encore intégré son caractère inéluctable et il ne se conçoit pas comme un être mortel. Contrairement à ce qui se passait au stade de la pensée magique, les causes de mort identifiables sont maintenant plus concrètes, plus proches de la réalité, par exemple l'ingestion d'un poison, une sale bestiole ou un coup de fusil.

Vers neuf ou dix ans (parfois un peu avant), l'enfant commence à saisir davantage le concept de mort; il comprend qu'il s'agit d'un processus biologique permanent. C'est généralement à cet âge que l'enfant se rend pleinement compte que la mort n'épargne personne et qu'un jour lui aussi mourra. Cette prise de conscience est souvent douloureuse et génératrice d'angoisse. L'enfant pourrait être très tourmenté par ces questions, surtout si, au cours de cette période, il est touché par la perte d'un être cher. Aussi, le cas échéant, est-il primordial de le rassurer le plus possible.

Jusque vers l'âge de dix ans, l'imaginaire de l'enfant demeure très actif et il subsiste souvent des relents de pensée magique. L'odieuse question de la destruction du corps peut devenir obsédante et terrifiante pour plusieurs; certains s'imagineront que la mort est contagieuse, d'autres éprouveront divers malaises ressemblant à ceux de la personne décédée. Dans le très beau film *L'été de mes onze ans*, l'héroïne est aux prises avec les angoisses de la mort. Elle se plaint de maux de ventre et consulte le médecin toutes les semaines parce qu'elle est certaine de mourir bientôt. Sa brève expérience de la vie (sa mère est morte à sa naissance et elle croit que c'est elle qui l'a tuée) et le contexte particulier dans lequel elle évolue (son père est entrepreneur de pompes funèbres) la ramènent sans cesse à cette question de fond: un jour, moi aussi je mourrai et je crains que ce soit pour bientôt. Curieusement, Vera perdra son compagnon de jeu dans des circonstances troublantes; c'est en bonne partie cet événement qui fera éclater au grand jour ses angoisses existentielles. Avec l'aide des adultes qui l'aiment et l'entourent, elle parviendra cependant à maîtriser ses peurs et reprendra pied dans sa jeune vie.

Il est important d'accepter de parler avec les enfants chaque fois qu'ils en manifestent le désir et qu'il est possible de prendre le temps de le faire. Même si nous nous sentons plus ou moins mal à l'aise et craignons de ne pas être adéquats, il vaut mieux, même si nous ne sommes pas parfaits, nous montrer sincères et réellement attentifs. Ce conseil est valable si nous voulons apporter un soutien efficace à des enfants de tous les âges. Le rôle de l'adulte consiste à les aider à exprimer leurs préoccupations et leurs angoisses du moment. Souvent, ils éprouvent le besoin d'en discuter avec les adultes, mais taisent leur désir par timidité, par peur de les embêter ou encore d'être en proie à leurs moqueries. Vers l'âge de dix ou onze ans, certains jeunes commencent à s'intéresser sérieusement aux conversations des adultes et veulent échanger avec eux leur expérience sur les questions relatives à la vie et à la mort. En tenant compte des idées, des émotions de ces jeunes et en respectant leurs réactions personnelles, les adultes leur procureront un soutien adéquat et réconfortant, tout en validant leurs réflexions et leurs prises de position.

L'adolescence (12 à 18 ans)

À partir de l'âge de douze ans ou un peu avant, l'enfant comprend pleinement ce que la mort signifie: il en reconnaît les causes objectives (vieillesse, maladie, suicide, accident) et la perçoit non plus comme une punition ou une malédiction mais plutôt comme l'issue fatale de toute vie. Cette reconnaissance de sa condition de mortel n'implique pas pour autant son acceptation. D'ailleurs, pour tout être humain, il est normal de mettre de côté l'idée de sa finitude afin de pouvoir vivre quotidiennement.

L'adolescent touché de près par la mort d'un membre de la famille peut être profondément bouleversé dans sa recherche d'identité et dans l'élaboration de ses propres perspectives d'avenir. À ce stade-ci du développement, l'enjeu consiste principalement à affirmer son identité propre. Au cours de cette période fertile en questionnements sur le sens de la vie, le décès d'un être cher a souvent pour effet de mettre en évidence l'absurdité de la mort et le sens de la souffrance. Par surcroît, l'adolescent est en train d'élaborer une vision du monde plus personnalisée en même temps qu'il adhère à des valeurs, telles la justice et la liberté, qui guideront ses choix futurs et ses modes de fonctionnement. Ainsi Jean, âgé de seize ans, intégra fort douloureusement la mort subite de son père causée par une embolie survenue quelques mois avant sa retraite. Il s'ensuivit une forte baisse de motivation qui fit perdre à Jean un temps précieux qu'il aurait pu consacrer à ses études ou à l'apprentissage d'un métier.

Dans ces situations, il ne faut pas non plus s'étonner de voir apparaître des actes de délinquance. La colère et la révolte peuvent provoquer une certaine démission, un laisser-aller parce que le jeune pensera: «À quoi bon tout ça?» ou «À quoi ça rime de travailler si fort? Mieux vaut profiter de la vie dès maintenant.» Le plus souvent, ces comportements délinquants sont sporadiques et ne perdurent pas. Cependant, s'ils se prolongent un certain temps, il vaudrait mieux avoir recours à une aide professionnelle, car ils pourraient être l'indice de sérieuses difficultés comportementales.

Beaucoup d'adolescents vivent un deuil inhibé, ce qui s'expliquerait par le fait que les assises de leur identité personnelle ne sont pas encore assez solides. Les jeunes sont en quête de sens à leur vie et recherchent leur propre identité, si bien que confrontés à la perte, ils se sentent souvent déconcertés et ne savent pas comment se situer et réagir. Ils affichent parfois une attitude de pseudo-indifférence qui peut faire croire que le chagrin ne les atteint pas, que tout va bien, alors qu'en réalité ils souffrent beaucoup intérieurement.

Un déclencheur tel que le deuil peut certainement faire basculer l'existence du jeune dont l'ego est encore fragile et très vulnérable. Les problèmes liés à l'anorexie et à la boulimie touchent également à l'identité par le biais de l'image corporelle. Ces problèmes, tout comme ceux de la délinquance et de la toxicomanie, sont fréquemment présents dans les deuils inhibés de certains adolescents et requièrent une aide spécialisée.

Souvent, une grande fierté, doublée du besoin de s'affirmer et de se montrer courageux, empêche les adolescents d'extérioriser les tourments occasionnés par le deuil et les émotions qui les habitent, sans qu'il soit toutefois question d'inhibition. Il faut éviter de les culpabiliser d'éprouver ce genre de réaction, mais plutôt essayer d'imaginer ce qui se passe dans leur tête et leur cœur, au-delà des attitudes et des comportements adoptés. Une grande ouverture d'esprit ainsi que l'empathie ont très souvent des effets bénéfiques sur les adolescents et favorisent les échanges et le dialogue.

Temps de réflexion
Les enfants, la mort et le deuil

- Quels sont les comportements, les attitudes et les croyances que j'observe chez mes enfants ou ceux de mes proches à la suite de la mort de _____?

- J'essaie de me mettre à la place de l'enfant en deuil et de comprendre comment il perçoit la mort de cette personne.

- Est-ce que sa compréhension de l'événement me paraît appropriée, compte tenu de son âge?

- Est-ce que je prends le temps de répondre aux questions des enfants concernant la mort et le deuil?
  Si oui, comment?
  Sinon, qu'est-ce qui m'en empêche?

- En période de deuil, suis-je porté à tenir les enfants à l'écart ou à minimiser l'impact de l'événement, sous prétexte qu'ils ne comprennent pas?

- De quelle façon est-ce que je satisfais leurs besoins?

**À partir de ces pistes,
je poursuis mon questionnement
et je note mes réflexions sur:**

Les comportements, attitudes et croyances observés chez l'enfant en deuil

Ma perception de sa compréhension de l'événement

Les moyens que je prends pour aider l'enfant et satisfaire ses besoins

Ce qui peut nuire

- Croire que le jeune enfant ne comprend ou ne ressent rien;

- Penser que les enfants n'ont pas d'aussi grands besoins que les adultes en période de deuil; penser que ces besoins sont les mêmes;

- Ne pas répondre aux questions des enfants; aller au-delà de leurs demandes ou fournir des explications qu'ils ne peuvent pas assimiler; fausser la réalité;

- Chercher à repousser ou à minimiser les manifestations de chagrin des enfants ou les miennes; ne pas parler de ce que nous ressentons.

Ce qui peut aider

- Offrir à l'enfant l'amour et la sécurité affective, quel que soit son âge;

- Le rassurer s'il est anxieux et le déculpabiliser au besoin;

- Valider ce qu'il pense et ce qu'il ressent;

- Dialoguer à la mesure de sa compréhension et partager mes sentiments; lui confier mes propres limites de compréhension et mes interrogations;

- Faire participer l'enfant aux rituels funéraires s'il est d'accord;

- Éviter d'entretenir les croyances erronées et d'alimenter les frayeurs;

- Permettre à l'enfant de ne pas se sentir coincé dans ses peurs et ses questionnements; lui offrir des portes de sortie.

Ce qui me nuit actuellement
ou pourrait me nuire

Ce qui m'aide actuellement
ou serait susceptible de m'aider

Chapitre 7

L'état de choc

Jusqu'ici nous avons vu comment, à partir de l'impact initial, l'onde de choc se propage chez l'endeuillé et se répercute dans son entourage. À partir de maintenant, nous considérerons l'expérience de deuil et ses répercussions dans la perspective d'un processus débutant par la secousse consécutive au décès, menant à la déstabilisation qui s'ensuit et se poursuivant jusqu'à la réorganisation et au réinvestissement. C'est à ce processus évolutif que nous ferons désormais référence, processus sur lequel se modèle votre propre traversée du deuil.

À certains moments, la route vous paraîtra peut-être longue et semée d'embûches. Poursuivez-la malgré tout. En dépit de vos arrêts, ou même de vos reculs, de vos moments de vulnérabilité ou de découragement, gardez toujours à l'esprit que vous vous dirigez progressivement vers une guérison. Répétez-vous sans cesse que vous possédez les ressources, les forces intérieures qui vous aideront à persévérer.

La mort a-personnelle et la mort personnalisée

Aussi longtemps que la mort ne nous touche pas directement, nous l'appréhendons intellectuellement seulement, un peu comme un phénomène impersonnel et éloigné de nous, c'est-à-dire se produisant dans un espace et un temps affectifs appartenant aux autres. En ce sens, la mort est souvent anonyme, a-personnelle et, à la limite, elle devient une abstraction. Par ailleurs, à force d'être exposée dans toute son horreur et avec tant d'insistance par les

155

médias, la mort est souvent banalisée. En effet, une surcharge ou un abus de stimuli a souvent pour conséquence d'atténuer les émotions: on devient vite blasé ou indifférent par rapport à la souffrance des autres. Bien sûr, on peut expliquer cette réaction par le besoin de préserver son équilibre psychique; l'aversion, l'indignation et l'impuissance engendrées par la vue d'accidents, de meurtres ou de catastrophes rapportés avec sensationnalisme, menacent notre équilibre et ne peuvent être supportées longtemps. Aussi, évitons-nous de nous identifier aux victimes et devenons-nous rapidement distants et sur la défensive. Pour éviter de s'engager et d'en être affecté, l'individu a tôt fait de rejeter, de maintenir la mort hors de son champ perceptuel et affectif: «Ça ne me concerne pas», «De toute façon, je ne peux rien faire pour arrêter le drame du Rwanda», ou encore «Ce n'est pas nouveau, ces gens sont habitués aux tremblements de terre.» Avec toutes les contradictions qui l'habitent, les ruses dont il est capable et son extraordinaire faculté d'adaptation, l'être humain effectue facilement des pirouettes intellectuelles qui lui permettent de convenir avec fatalisme qu'«après tout, c'est la vie». Ainsi, sa tranquillité d'esprit et sa certitude que la mort ne l'atteindra pas peuvent être relativement bien préservées.

Mais aucun de nous n'échappe totalement à la réalité pour le moins déstabilisante de la mort. L'homme sait que nul ne peut s'y soustraire indéfiniment; il doit admettre que, tôt ou tard, il sera confronté à cet événement inéluctable: «Un jour, un des miens mourra», ou encore «Moi aussi je mourrai.» Néanmoins, tant que la mort demeure a-personnelle, son occurrence est toujours repoussée le plus loin et le plus tard possible. Cette perception de la mort comme une réalité se situant en dehors de nous explique pour une bonne part l'effet de choc qui s'empare du survivant lorsque cette même réalité s'inscrit tout à coup dans son expérience.

Ce moment redouté où la mort frappe un de nos proches arrive inévitablement, que ce soit tôt, causée par accident de parcours, ou plus normalement, en fin de vie. L'individu ainsi frappé ne peut alors manquer d'être marqué d'une façon ou d'une autre: «C'est arrivé, désormais je me sens concerné.» Ainsi, la mort se personnalise. Sa cruauté pressentie devient manifeste: la mort emprunte le visage de l'être aimé pour se faire connaître et s'intégrer à notre expérience. Pour beaucoup de personnes en deuil (et cela est particulièrement vrai pour celles qui ont des liens de sang avec le défunt), la douleur est ressentie viscéralement, comme s'il s'agissait d'une amputation. Ainsi touché dans sa propre substance, l'endeuillé accède à l'expérience unique, souvent déchirante et toujours très intime, de ce que signifie réellement la perte d'un être cher. Loin d'être impersonnelle comme ce pouvait être le cas avant l'événement, la mort s'inscrit désormais dans l'histoire de sa vie et en façonne le parcours de maintes façons.

Le choc proprement dit

Pour mieux comprendre les variations d'intensité et de durée qui le caractérisent parfois, on peut comparer le phénomène d'état de choc aux effets d'un accident de voiture sur les passagers. Dans cette situation, le terme «**choc**» signifie à la fois le **coup** (l'impact) et le **contrecoup** (l'onde de choc ou les répercussions). Le choc proprement dit est provoqué par la collision des véhicules (le coup), tandis que l'état de choc ressenti par les occupants comprend l'impact physique et psychologique immédiat *plus* les séquelles du choc initial. Ces séquelles découlent du coup *et* du contrecoup, autrement dit, de l'impact et de ses conséquences. On peut établir le même parallèle lorsque survient le décès d'un proche: le choc de la nouvelle réalité agit à la manière d'un coup porté et provoque également un contrecoup considérable. La phase de choc est donc constituée non seulement de l'impact initial de la perte au moment même où elle se produit, mais également des réactions qui s'enchaînent au cours des premières heures et même des premiers jours.

L'effet de choc

L'état de choc qui caractérise cette première phase de la traversée du deuil est le résultat d'un bouleversement du système neuro-végétatif qui se déclenche immédiatement après l'annonce ou le constat du décès. Ce système central extrêmement complexe est constitué d'un vaste réseau de ganglions et de rameaux nerveux. Il contrôle le fonctionnement des vaisseaux, des viscères, des muscles et téguments, de tous les tissus ainsi que la vie cellulaire elle-même. Les fonctions végétatives, émotionnelles, instinctives et endocriniennes ne jouissent pas d'une autonomie stricte; c'est au niveau de l'hypothalamus, véritable centre coordinateur de l'affectivité, que s'effectuent les corrélations entre les systèmes sensitif, sensoriel, moteur et volontaire. Tout le corps dépend donc directement ou indirectement du système nerveux central, qui assume un rôle de direction et de régulation.

Si le physique agit sur le psychisme (l'action de produits toxiques par exemple), l'inverse est aussi vrai: les stimuli psychiques entraînent des modifications physiologiques. C'est ce qui se passe en cas d'émotions fortes: le **choc émotif** provoque une **altération psychosomatique** momentanée, ce qui explique l'apparition des symptômes décrits au premier chapitre.

Au cours de la phase de choc, l'intellect est inhibé ou perturbé, la sensibilité anesthésiée ou exacerbée, les sens émoussés ou douloureux. Dans l'ensemble, les réactions sont défensives et adaptatives puisque l'organisme tente par tous les moyens de compenser et de rétablir l'équilibre. Les scientifiques ont depuis longtemps admis l'influence des stimuli psychiques sur le corps. On comprend beaucoup mieux le rôle du système nerveux dans l'apparition des réactions physiques. Ce qui demeure encore mystérieux, c'est le «choix» de l'organe et de la réaction. Certains auteurs mettent en cause les apprentissages et les conditionnements, d'autres, les vulnérabilités du corps, certains se réfèrent aux pulsions de vie et de mort; d'autres encore y voient sous une forme complexe et transposée des reliquats de mécanismes de défense ayant existé sous des formes primaires au début de l'humanité.

Peut-être y a-t-il effectivement une résurgence de ces états antérieurs quand on dit: «Je rentre dans ma coquille» ou «Je sors mes griffes.» Quoi qu'il en soit, plusieurs expressions courantes traduisent de manière imagée des changements physiologiques importants et subits causés par une émotion forte, tels un afflux sanguin, un choc vagual, une surcharge d'adrénaline ou une baisse de tonus: je vois rouge; je suis vert de peur; ça me prend aux tripes; j'ai pris mes jambes à mon cou; je suis tombé dans les pommes; un frisson glacial me secoue; j'étais figé sur place, etc. Ces expressions et bien d'autres encore traduisent en quelque sorte une **métabolisation en accéléré des émotions**.

L'expression «état de choc» peut sembler exagérée. En fait, l'ampleur de la réaction éprouvée à l'annonce ou au constat du décès est très relative et varie en fonction des déterminants étudiés précédemment. Ici encore, l'individu réagit selon sa personnalité et la perception qu'il a de l'événement. Il faut aussi dire que l'état de choc n'est pas forcément tributaire du degré d'attachement qui existait entre le survivant et le défunt, mais qu'il est bien davantage lié aux circonstances qui entourent le décès.

«État de choc» décrit aussi l'impression d'irréalité ressentie par rapport au mystère de la mort. Les circonstances du décès, plus particulièrement s'il s'agit de mort subite, tragique, anticipée, sont des facteurs déterminants sur l'intensité du choc éprouvé. Même s'il s'agit d'une fatale réalité pour tous les hommes, la mort ne frappe pas les êtres de la même manière. Peut-on vraiment mettre dans la même balance le décès d'un vieillard qui s'éteint paisiblement et celui d'un enfant tué sans pitié après avoir été abusé sexuellement? D'emblée, on admettra que cette dernière mort puisse causer un choc plus grand parmi les proches et susciter des émotions violentes comme l'indignation ou la haine envers le coupable.

La phase de choc est en fait une période où le survivant **se familiarise** avec une nouvelle réalité, en l'occurrence le départ de l'être aimé. Plus le changement de situation qui touche l'endeuillé est subit et imprévu, plus cette étape du processus de deuil recélera des émotions fortes associées à la surprise, au saisissement profond, à la stupéfaction, à la sidération. Ses émotions s'accompagnent le plus souvent de sentiments liés à la négation comme l'incrédulité ou l'impression d'irréalité: «Je fais un mauvais rêve.»

Il est nécessaire de nuancer l'expression «état de choc», car comme nous venons de le constater, l'ampleur ou l'intensité des réactions qui surviennent au cours de cette phase dépendent de plusieurs facteurs, dont les déterminants du deuil. D'ailleurs, il arrive parfois qu'il n'y ait pas à proprement parler d'état de choc dans le processus de deuil du survivant. Tout au plus, il peut exister une période relativement brève (celle des funérailles, par exemple) où l'endeuillé, qui se rend compte de vivre le temps précis de la rupture définitive du lien, conserve toutefois tous ses moyens. Il ne se sent pas aux prises avec des émotions très vives, envahissantes, indisposantes ou même dévastatrices. Cela peut se produire chez des personnes pour qui la mort de l'être aimé est imminente, et parfois même souhaitée, par exemple dans le cas où l'agonie se prolonge.

Finalement, ce que la phase de choc met en évidence, c'est l'**état émotionnel particulier** qui s'empare d'un individu lorsque la mort le fait accéder au statut d'endeuillé. Il va de soi que cet état diffère des états habituels et qu'il est vécu de manière différente pour chaque individu.

L'onde de choc

Nous avons vu que l'état de choc, tel qu'on l'entend ici, ne se limite pas à la réaction immédiate et spontanée liée à la prise en compte de la mort. Il se produit en deux temps: l'annonce, ou le constat du décès, *et* les premières répercussions, puis se propage bien au-delà de l'impact initial.

Cependant, hormis certains cas pathologiques — on parle alors de névrose ou de psychose —, l'état de choc ne persiste en général que quelques heures ou tout au plus quelques jours. Et il va en s'estompant. Entre-temps, le système neuro-végétatif métabolise les émotions et tente de rétablir l'équilibre. Mais l'effet de choc laisse des traces plus ou moins persistantes au cours de la traversée du deuil. Une fois encore, rappelons le chevauchement des phases et le parcours inégal du processus de deuil. Ainsi, à l'occasion d'une soudaine remémoration des événements liés au décès, d'un accès de découragement, d'une bouffée d'émotions, de la prise de conscience de l'ampleur du vide laissé par la perte, ou encore à cause d'une circonstance fortuite qui rappelle le disparu, l'endeuillé peut très bien revivre une impression d'irréalité momentanée («Le décès n'a pas eu lieu» ou «C'est impossible qu'il soit parti depuis quatre mois déjà») et s'étonner lui-même d'être encore sous l'effet du choc. Il n'est pas improbable que toutes ces sensations vous assaillent vous aussi. Nous devons souligner ici qu'il s'agit de rappels passagers et non de réactivation proprement dite. Le temps seul permet de procéder à une intégration complète de la nouvelle réalité.

Les funérailles

Il arrive que les endeuillés se soient déjà quelque peu ressaisis au moment des funérailles qui, la plupart du temps, ont eu lieu vers la fin de la phase de choc. D'ailleurs, c'est un peu comme si celle-ci se déroulait en deux temps: la prise en compte de la mort (annonce ou constat du décès) et le rituel funéraire. À preuve, le fait de se retrouver en présence du cercueil ou de suivre son entrée à l'église est pour plusieurs un moment très pénible.

Pendant les cérémonies du rite funéraire, les endeuillés perçoivent souvent leur vie comme si elle était suspendue ou se situait en dehors du réel. Ce ralentissement ou arrêt du temps est imposé par le rite lui-même qui témoigne non seulement de la gravité de la mort, mais permet aussi d'absorber le choc. Pendant que les proches décident des dispositions à prendre (exposition du corps, service religieux, réunion post-mortem), le temps qui s'écoule alors est ponctué de gestes, de paroles et d'échanges entre les deuilleurs et les membres de la collectivité; tout cela constitue autant de préparatifs à la nouvelle réalité. Les événements qui se déroulent et les circonstances qui les entourent contribuent donc, dans une certaine mesure, à atténuer l'effet de choc ou, si l'on préfère, à amortir le coup et ses conséquences.

La nécessité de procéder aux funérailles, pour des raisons sanitaires par exemple, marque du même coup l'obligation de se séparer du corps et, partant, de faire ses adieux au défunt. Mais on ne peut pas se défaire du corps du défunt de manière expéditive. La dépouille mortelle est perçue comme un sujet et, pour les endeuillés, il est indispensable que ce corps-sujet soit traité avec dignité et commisération.

Rarement le mot cadavre est utilisé pour désigner le défunt. On parle plutôt de dépouille mortelle car, d'une part, le corps ayant servi de support à la relation entre le survivant et le défunt, l'endeuillé en conserve une perception subjective, fortement imprégnée par le caractère unique de la relation. D'autre part, et c'est paradoxal, le fait de retenir un temps le corps — et non le cadavre — pour lui rendre hommage aide à se détacher plus facilement du défunt et à le laisser aller vers l'au-delà.

* * *

À cette première phase du processus de deuil, la personne en état de choc n'est pas pleinement en mesure d'évaluer l'ensemble des effets consécutifs à la perte, et encore moins d'élaborer des stratégies visant à contrer ces conséquences. Tout ce qu'il lui est possible de faire à ce moment-là, et à son insu très souvent, c'est de mettre en opération un système de défense ou d'autoprotection lui permettant de bloquer certaines fonctions intellectuelles et affectives trop difficiles à assumer. C'est ce qui explique pourquoi le corps prend le relais et réagit le premier, très violemment parfois.

Plus tard et progressivement seulement, la personne en deuil mettra en œuvre ses mécanismes d'accommodation et d'adaptation. Il est donc illusoire de s'attendre à ce qu'elle puisse rapidement «se reprendre en main», «retrouver ses esprits» et poursuivre ses activités comme avant l'événement.

* * *

Au moment où vous lisez ces lignes, vous êtes fort probablement sorti de cette phase puisqu'elle est relativement brève; il serait étonnant que vous ayez eu envie de vous informer pendant que vous la viviez. Nous vous donnons quand même certaines indications qui, nous le souhaitons, sont susceptibles d'aider les survivants durant cette période difficile. Si ces considérations ne vous sont pas utiles pour l'instant, elles vous serviront peut-être de référence dans l'avenir, soit pour vous-même ou pour l'un de vos proches.

La meilleure attitude à adopter au cours de cette première phase du processus de deuil est sans doute d'accepter ou, du moins, d'admettre le fait de se trouver dans un état bizarre, inconnu, un état de flottement inconfortable sur lequel on n'a pas prise, et ce, au lieu d'essayer par tous les moyens de combattre les premiers effets de la déstabilisation. On n'est plus tout à fait soi-même, ni tout à fait quelqu'un d'autre au cours de cette période. Il est difficile de se voir soudain vulnérable et presque dépersonnalisé. Si les gens éprouvés se traitaient avec la moitié de la bienveillance dont ils font preuve envers les autres, leurs tourments seraient moindres. L'état de choc est, rappelons-le, temporaire; il marque une transition difficile entre le statut qui nous liait au défunt (ami, conjoint, parent par exemple) et celui que nous avons maintenant (endeuillé).

La période de choc étant ponctuée de prises de décisions importantes, comme celles ayant trait aux dispositions funéraires, il est recommandé d'agir en conformité avec ses valeurs profondes, de faire l'effort de s'y référer comme à autant de points de repère fiables. L'univers chancelle certes, mais les valeurs essentielles et le fondement de la personnalité ne s'effacent pas pour autant. Il est souvent possible de les recouvrer rapidement ou de s'y référer par des actes de volonté. S'il faut prendre certaines décisions importantes, on doit d'abord se demander comment les mettre en œuvre, les assumer (vivre avec elles par la suite), et à quel prix. Il est souhaitable, à cette étape-ci du deuil, de s'entourer de personnes solides et aimantes, avec lesquelles on se sent à l'aise pour exposer ses idées, ses opinions, ses préoccupations, et pour demander des conseils.

Il est essentiel de commencer dès maintenant à vous accorder les meilleurs soins, car l'expérience dans laquelle le deuil vous entraîne est l'une des plus exigeantes que vous aurez à assumer au cours de l'existence. Aussi, faut-il porter une attention toute particulière à vos besoins vitaux, tels le repos et l'alimentation. Dites-vous et répétez-vous souvent que vous êtes actuellement la personne à qui vous devez porter le plus d'attention. Accordez-vous le droit de vous sentir important et devenez l'objet de votre sollicitude.

Temps de réflexion
L'état de choc

- À la suite de ma lecture, qu'est-ce que je comprends du phénomène de l'état de choc?

- Est-ce que la description qui a été faite de l'état de choc s'applique à moi? Si oui, en quoi et comment?
  Sinon, comment cela s'est-il passé dans mon cas?
  Je note mes observations.

- Quels sont les éléments déterminants qui ont entretenu cet effet de choc (circonstances du décès, genre de mort, etc.) ou, au contraire, quels sont ceux qui l'ont atténué, amoindri (mort anticipée, rituel de passage personnalisé, etc.)?

- Que puis-je dire à propos des funérailles de _____?
  Quels sont les éléments du rituel qui m'ont le plus aidé à faire mes adieux?
  Ai-je des regrets concernant cette période?
  Si c'était à refaire, qu'est-ce que je modifierais et qu'est-ce que je souhaiterais ajouter?

- Comment ai-je pris soin de moi au cours de cette première phase du deuil?
  Étais-je conscient de la nécessité de me rendre la vie plus douce?
  Où en suis-je maintenant?

**À partir de ces pistes,
je poursuis mon questionnement
et je note mes réflexions sur:**

L'état de choc

Les funérailles de _____

Ce qui peut nuire

- Nier les effets du choc sur ma personne et sur celle de mes proches;
- M'attendre à ce que les autres réagissent comme moi ou leur en vouloir d'être autrement;
- M'arrêter à des maladresses ou à des contrariétés qui sont en fait justifiables par l'effet de choc qui nous affecte tout un chacun;
- L'absence totale de rituel ou un rituel dépourvu de sens;
- Un temps insuffisant pour procéder aux adieux (aller trop vite);
- M'isoler de mes pairs; me refermer;
- Refuser les témoignages de sympathie;
- Laisser les autres décider à ma place;
- Ne pas tenir compte de mes besoins de sommeil, de récupération; mal me nourrir.

Ce qui peut aider

- Me donner du temps (interrompre le travail ou d'autres activités exigeantes) pour vivre le moment présent;
- Me maintenir à l'image du roseau (bien accroché et flexible);
- Être bien entouré; m'appuyer sur une personne solide;
- Reconnaître qu'il m'est actuellement impossible de tout contrôler;
- Participer au rituel funéraire;
- Me raccrocher au monde des vivants et à la communauté;
- Garder ma foi, mes valeurs spirituelles et philosophiques.

Ce qui me nuit actuellement
ou pourrait me nuire
OU
Ce qui m'a nui ou aurait pu me nuire

Ce qui m'aide actuellement
ou serait susceptible de m'aider
OU
Ce qui m'a aidé
ou aurait été susceptible de m'aider

Chapitre 8

La déstabilisation

Dans un groupe d'endeuillés réunissant huit personnes, les participants confient à tour de rôle leurs préoccupations majeures: deux des trois veuves ayant des enfants à charge déclarent que le dysfonctionnement familial et l'insécurité financière sont leurs principales sources d'anxiété, tandis que la dernière trouve particulièrement exigeant d'élever seule ses enfants et s'inquiète pour l'avenir. Un homme insiste sur sa solitude alors qu'un autre se dit troublé par un fort ressentiment à l'égard de son père défunt. Une femme âgée avoue que, n'ayant plus personne à soigner depuis la mort de son époux, elle se sent inutile. Une étudiante se plaint de ses difficultés de concentration et d'un manque de motivation, alors que le troisième homme du groupe souligne que ses rapports affectifs sont tendus depuis le décès de sa mère.

La première ronde de témoignages terminée, tous pensent à juste titre que leur expérience de deuil est unique et chacun se demande ce qu'il pourrait bien partager avec les autres, tellement les situations et les problèmes sont différents. Et pourtant, ils constatent rapidement qu'ils ont tous quelque chose en commun: la **déstabilisation**. C'est peut-être votre cas en ce moment ou celui d'une personne qui vous est proche.

* * *

Les premières émotions apaisées, les funérailles terminées, l'endeuillé intègre davantage le caractère définitif de la perte qu'il vient de subir et entrevoit un peu plus les impacts de cette perte sur

169

la poursuite de son existence. C'est le début de la **phase cruciale** du deuil, que l'on nomme généralement la **déstabilisation**.

À l'instar de la plupart des endeuillés, vous constaterez probablement que le parcours évolutif du deuil est loin d'être linéaire. Il comporte des pics et des creux, des trajets en ligne droite et des détours, des arrêts et des reprises, des retours en arrière et des bonds en avant. Ce parcours inégal et capricieux déstabilise et désoriente. En chemin, certains obstacles vous feront douter parfois de votre raison, de vos résistances et de l'atteinte de vos objectifs. À d'autres occasions, vous aurez peut-être l'impression d'être emporté par l'impatience, submergé par les difficultés, freiné par le manque de motivation. Dites-vous alors que d'autres sont passés par là et que, s'ils s'en sont sortis, vous pouvez y parvenir vous aussi. Réaffirmez votre détermination à progresser; imaginez non pas les mauvaises surprises, mais les choses agréables qui peuvent survenir au détour des chemins. Surtout, gardez, en dépit de tout, le désir de mieux-être comme la destination finale de votre parcours.

* * *

La phase de déstabilisation est certainement la plus tourmentée, la plus problématique de la traversée du deuil. Bien sûr, l'importance de la déstabilisation est toute relative et fonction, elle aussi, de plusieurs facteurs circonstanciels et individuels. Il est vrai également que de nombreux endeuillés, bien qu'ébranlés et troublés, ne sont pas à proprement parler vraiment déstabilisés ou déprimés. Il n'en demeure pas moins que la perte d'un être cher provoque une rupture et d'importantes privations: l'équilibre et les certitudes acquises sont rompus, le cours normal des événements est chambardé; les rapports affectifs et les projets entretenus avec le défunt sont réduits à néant, le poids du vide et de l'absence peut, à certains moments, s'avérer écrasant. Si l'on ajoute à cela les états dépressifs provoqués par cette rupture, il n'est pas trop fort d'utiliser le terme «déstabilisation» pour qualifier ces chambardements.

Après avoir réagi plus ou moins violemment, le métabolisme impose un rythme régulateur différent, mieux approprié à la situation. Tout se passe comme si le poste central de commandement avait donné l'ordre à l'individu de passer de la révolte au chagrin. Le corps s'exprime à sa façon: «Ne résiste pas, reconnais et accueille tes émotions, puis laisse couler comme l'eau de la rivière», semble-t-il dire. Hélas! ce n'est pas si simple; suivre le courant comporte des risques et des embûches. Il s'agit de garder la tête hors de l'eau et de ne pas dévier de sa course. Mais parfois le flot se déverse en torrent; comment alors ne pas se laisser emporter par les remous? Ou bien le flot ralentit, s'épaissit, suit de nombreux méandres ou bute sur des roches saillantes. Comment s'y retrouver alors, comment se laisser flotter sans s'écorcher au passage? Au reste, il est inutile de chercher à contenir ou à détourner le flux, car les digues céderaient tôt ou tard.

Et puis, le cœur et la raison, les impératifs du corps physique et de l'organisation sociale posent des obstacles et compliquent les choses. Dans la recherche d'équilibre, le corps et l'intellect ont quelques difficultés à s'harmoniser, l'un poussant à la lutte, l'autre incitant au lâcher-prise. Aussi l'endeuillé se sent-il souvent coincé au cœur de l'ambivalence et du tiraillement. D'un côté, la poursuite du temps incite à aller de l'avant; il faut vivre, poursuivre ses activités, continuer coûte que coûte. D'un autre côté, la persistance du lien d'attachement et la prégnance encore vive du passé tirent vers l'arrière.

L'espace-temps psychologique de l'endeuillé déstabilisé est balisé de points de repère mouvants, flous, soudainement inaccessibles: le destin a tranché, décidé de ce qui appartient désormais au passé, mais il laisse cependant l'avenir incertain. Le temps, bien qu'il poursuive inexorablement sa course en laissant ses marques, semble paradoxalement s'être arrêté; sur les plans cognitif et physique coexistent chez le sujet des états et des sentiments différents et même contradictoires (qui pourtant ne s'opposent pas forcément). Dans la nouvelle réalité provoquée par la perte, le déplacement forcé qui s'opère lentement (vers l'avenir, un autre état, une autre orientation) n'exclut pas — souvent, au contraire, il accentue — l'enracinement dans le passé (les souvenirs, l'héritage, les valeurs), si bien que le besoin d'attachement et la nécessité du détachement s'affrontent tour à tour. Où commencent les frontières de ce terrain inégal et mouvant et où cessent-elles?

Les endeuillés sont souvent surpris par l'importance de la déstabilisation physique et émotive qu'ils ressentent, médusés par le fait que le deuil puisse être si douloureux. Quand ils parviennent à nommer ce qu'ils ressentent, c'est avec des mots ou des expressions comme celles-ci: désorganisation, déphasage, déboussolement, désorientation, désintégration (tous des mots formés à partir d'un élément du latin qui indique la séparation ou la privation), ou encore perturbation, errance; sensation d'être hors de soi ou déconnecté du monde, d'agir comme un robot; peur de s'effondrer, de devenir fou, de perdre ses balises ou la maîtrise de sa vie.

Au cours de ce chapitre, nous examinerons la souffrance propre à la déstabilisation causée par le deuil sous les quatre aspects suivants:

— la perturbation de la dynamique personnelle et relationnelle;

— la souffrance du détachement;

— la rupture du temps;

— la modification de la perception de l'univers.

La perturbation de la dynamique personnelle et relationnelle

Tout d'abord, au début de la phase de déstabilisation, apparaît souvent un phénomène en deux temps qu'on peut appeler l'**effet dégel** et l'**effet débâcle**.

• L'effet dégel

Tout d'abord, l'impact du choc induit souvent des mécanismes protecteurs de l'équilibre émotif et psychique. Par ailleurs, même en l'absence de quelconques défenses ou distorsions cognitives de la réalité, l'événement entraîne souvent chez les proches éprouvés un état de grande fébrilité occasionné par les nombreuses visites, les marques de sympathie, les préparatifs concernant les funérailles. Un peu plus tard, la dramatisation cérémoniale et rituelle des obsèques contribue dans une certaine mesure et temporairement à sublimer la mort et à la rendre plus supportable. Au cours de cette période, les endeuillés font l'objet de sollicitude et de compassion.

Ils sont entourés, soutenus, ménagés, réconfortés. Leurs émotions sont reçues et même souvent partagées par les proches qui, à leur façon, encouragent leur expression. Ces derniers ne repoussent pas les manifestations de deuil; à l'inverse, ils sympathisent. La fatigue physique et l'usure émotive accumulées (souvent pendant les semaines ou les mois qui ont précédé le décès) peuvent provoquer une sorte d'hébétude. Séparément ou conjointement, ces facteurs induisent fréquemment une forme d'engourdissement émotif et cognitif partiel, sectoriel pour ainsi dire. On a vu qu'au cours de la phase de choc, les émotions sont liées à l'immédiateté de l'expérience de chagrin plutôt qu'aux conséquences plus à long terme du décès.

Et puis, presque sans transition, les endeuillés sont renvoyés à eux-mêmes, à leur peine et à leur solitude, à leurs difficultés matérielles, organisationnelles ou autres, tout en étant plus ou moins contraints, bien souvent, de reprendre le travail ou les activités habituelles. La torpeur s'estompe graduellement, mais la conscience de la perte, elle, au lieu de diminuer, va en s'intensifiant de jour en jour. Ce phénomène est souvent désigné par l'expression **«effet dégel»**.

• L'effet débâcle

Lors du dégel, les réactions se manifestent sur plusieurs plans. Des pensées et des images reliées au décès reviennent fréquemment à l'esprit, même pendant le sommeil; l'absence irrévocable peut devenir obsédante; divers malaises ou douleurs physiques risquent d'apparaître ainsi que des changements de comportements; mêlés aux sensations, les questionnements, les émotions et les sentiments surgissent et se bousculent en désordre. C'est ce que nous appelons l'**effet débâcle**. Cette tempête est en elle-même déstabilisante, car les émotions sont difficiles à isoler et à identifier de façon raisonnée par les endeuillés, ce qui ne favorise pas une bonne communication avec les membres de l'entourage, ni une formulation claire de leurs besoins.

Ensuite, graduellement pour les uns et plus rapidement pour les autres, s'effectue la pleine prise de conscience du caractère définitif de la perte et de ses conséquences. Le plus souvent, surtout chez les endeuillés qui entretenaient des relations étroites et suivies avec le défunt, la confrontation à la nouvelle réalité est assez brutale, d'autant plus que la tension nerveuse tombe, que la **fatigue** est ressentie avec plus d'acuité et que, souvent, l'**organisme fonctionne mal** dans une sphère ou une autre. Fréquemment, les survivants les plus proches sont ceux qui doivent accomplir des **tâches plus ou moins pressantes et exigeantes** (démarches administratives, correspondance, envois d'avis ou de remerciements, factures à payer, décisions relatives au travail ou à l'organisation domestique, remise en ordre des choses négligées, etc.). Tout cela requiert énormément d'**énergie physique et psychique**.

Comble de frustration, c'est souvent durant la phase de déstabilisation que le **soutien des amis diminue**, quand il ne s'éclipse pas totalement, chacun étant mobilisé par ses propres préoccupations. Outre cet éloignement, une autre cause de souffrance provient de l'**incompréhension**, des **perceptions ou réactions négatives**, **inappropriées** ou même **néfastes** de la part de l'entourage. Ces réactions s'expliquent de différentes façons: l'ébranlement de la force intérieure et du sentiment d'invulnérabilité; la remise en question des croyances et de la perception de l'univers; la peur d'être «contaminé» par le malheur de l'autre; le sentiment d'être incapable d'aider; la crainte que l'évocation de l'événement ou de la personne décédée amène l'endeuillé à se complaire dans son chagrin, et l'idée qu'il vaut mieux ne pas en parler pour qu'il oublie au plus vite. Tout cela peut inciter les proches à penser qu'offrir de l'aide à l'endeuillé comporte le risque de voir la situation de crise se prolonger ou s'amplifier, de s'exposer à des problèmes, de briser la relation avec l'endeuillé ou de déséquilibrer leur propre existence. Pour certains, il y a aussi, bien sûr, la peur de dire les mauvaises choses ou de poser les mauvais gestes, en fait, d'être inadéquat. Pour d'autres, au contraire, et c'est pire encore, il peut y avoir la conviction de posséder la bonne parole, la bonne méthode et le désir de se poser en sauveur.

Ce malaise global et ces croyances erronées sont peu propices à aider véritablement l'endeuillé et risquent de provoquer chez les proches un refus des besoins de l'endeuillé ou encore l'incapacité de les reconnaître, de les identifier. L'endeuillé qui se sent jugé ou incompris est le plus souvent porté à prendre une distance vis-à-vis des personnes de l'entourage ou à s'isoler complètement. Deux des erreurs — ou maladresses — les plus répandues parmi les intimes consistent, d'une part, à **nier**, à **ignorer** ou à **repousser** l'état dépressif et la souffrance de l'endeuillé et, d'autre part, à souhaiter que ce dernier se reprenne rapidement en main, c'est-à-dire à s'attendre à une prompte disparition des symptômes et à une adaptation rapide («Voyons, ressaisis-toi, ne te laisse pas aller, réagis, n'y pense plus, vois des gens, reprends tes activités», etc.). En guise de comparaison, c'est comme si l'on affirmait qu'une plaie peut se cicatriser du jour au lendemain, ou encore que ce n'est pas grave de perdre ses deux jambes tant que les bras sont épargnés. Il est surprenant de constater à quel point la puissance des mots, si aisément valorisée et mise à profit en d'autres domaines (arts, communications, politique, vente, enseignement, par exemple), est crainte et mal utilisée lorsqu'il s'agit des affects.

Parmi les difficultés émotives et fonctionnelles, il y a aussi le fait que **la société considère que la période de deuil se termine aux funérailles** ou, au mieux, dans les quelques jours ou semaines qui suivent. Une expression familière traduit bien cet état d'esprit: «Il est mort et enterré.» Cette affirmation sous-entend que, à partir du moment où l'on a disposé du corps, il faut oublier la personne aimée, la laisser derrière soi. Donc, passer à autre chose le plus rapidement possible. Or, le défi de l'endeuillé n'est pas d'oublier, mais bien de développer une mémoire viable de la personne décédée. De fait, les endeuillés se sentent souvent outrés lorsqu'ils se font dire d'oublier, de ne pas en parler, d'accepter ou, pire encore, de profiter de l'épreuve pour s'enrichir et grandir intérieurement, alors qu'ils ne sont tout simplement pas rendus à cette étape.

L'effet débâcle qui succède au dégel émotif aboutit à un état général d'affaiblissement. L'endeuillé se retrouve dans une période plutôt creuse, obscure, où il se sent triste, abattu, sans but, sans énergie. Cet **état** plus ou moins **dépressif** est caractéristique de la phase de déstabilisation et, comme nous venons de le voir, provient de l'importante perturbation de la dynamique personnelle et relationnelle.

La souffrance du détachement

Pour comprendre le phénomène du deuil et la déstabilisation qu'il provoque, nous allons maintenant nous reporter aux premières expériences de détachement que nous avons tous dû effectuer très tôt dans notre vie et aux traces qu'elles ont laissées en nous.

Déjà, pour accomplir l'acte de venir au monde, le bébé doit renoncer à l'univers enveloppant et sécurisant de la vie intra-utérine. Il commence alors le douloureux apprentissage de l'attachement-détachement distinctif de sa condition humaine. Nous avons vu précédemment que le bébé ne fait pas la différence entre son propre monde et celui de sa mère; il ressent souvent un simple éloignement de celle-ci comme un véritable abandon, comme une rupture ou une menace de destruction de son univers. Lorsqu'il perçoit ses besoins vitaux menacés, l'enfant éprouve un sentiment de perte ou d'abandon et réagit par des manifestations de frustration, de colère et d'angoisse. C'est ce qu'on désigne généralement sous le terme **angoisse de séparation**.

On explique les réactions consécutives aux crises importantes de l'existence, le deuil en l'occurrence, comme en partie une réactivation inconsciente de cette angoisse originelle. Pour l'endeuillé, cette réactivation se traduit parfois par le sentiment obscur d'avoir été abandonné par celui qui est mort; il est possible que ce sentiment puisse être perçu comme un équivalent de l'abandon éprouvé par l'enfant lorsque, pour toutes sortes de raisons, sa mère s'absente. On admettra que la façon dont l'angoisse de séparation a été **vécue** et **surmontée** au cours de l'enfance joue un rôle plus ou moins important dans le processus de deuil actuel.

L'être humain élabore son identité personnelle à travers les rapports de mutualité qu'il établit avec des personnes affectivement significatives. Nous sommes des êtres de relation et nous vivons tous un lien de dépendance vis-à-vis de nos semblables. C'est pourquoi la souffrance du deuil découle aussi de la **blessure narcissique** provoquée par la disparition soudaine de l'être cher, comme si ce dernier emportait avec lui une part importante du survivant. Cette impression d'être amputé ou privé d'une partie essentielle de soi est source d'angoisses et de souffrances tant et aussi longtemps que la personne en deuil demeure incapable de relativiser et de reconnaître que sa personnalité propre n'est pas détruite par la mort de l'être aimé.

Une autre des composantes de la souffrance du deuil réside sans doute, en partie du moins, dans la résurgence inconsciente de la pensée magique propre aux enfants d'environ quatre ans. D'une part, l'expérience de perte ravive le sentiment de toute-puissance que l'enfant croyait avoir sur les êtres, les choses et les événements, et ranime aussi les croyances qu'il entretenait sur la mort et les morts à cet âge: «Les morts peuvent revenir, ils continuent d'exister dans l'au-delà, nous voient, nous entendent et peuvent nous aider; il est possible de communiquer avec eux, etc.» D'autre part, la régression a pour effet de réactiver la conscience, développée au terme de ce stade que, justement, le contrôle sur le monde, sur l'existence et sur la mort est terriblement **limité**, que les morts n'ont pas le pouvoir de revenir parmi nous ni d'intercéder directement pour nous, et que les vivants ne peuvent pas véritablement communiquer avec eux. Cette prise de conscience a marqué un tournant difficile dans le développement de l'enfant et lui a fait douloureusement réaliser qu'il ne possédait pas le contrôle qu'il croyait avoir sur l'univers. C'est ce sentiment d'**impuissance** et de **perte de contrôle** qui est réactivé par l'expérience de deuil.

Aussi, voit-on des endeuillés qui se sentent fautifs d'avoir fait ou de ne pas avoir fait telle ou telle chose pour le défunt ou encore qui entretiennent l'idée que le dénouement aurait été autre s'ils avaient pu contrôler différemment tel élément de la situation. Ainsi, une personne, non dépourvue de logique et d'intelligence, affirmera que l'être aimé ne serait pas mort si elle avait pu le soigner elle-même, ou encore que l'accident ne serait pas survenu si elle avait été là. Ce sont des exemples de **réactivation** de la **pensée de toute-puissance**.

Il faut reconnaître que notre société entretient de bien des façons cette **illusion de maîtrise du destin**: valorisation extrême de la jeunesse, de la santé et de la performance; lutte quelquefois acharnée contre le vieillissement, la souffrance et la mort; foi quasi absolue dans la puissance de la science; prédominance des biens matériels sur la richesse intérieure. La précarité de l'existence est tantôt compensée par la promesse d'éternité, tantôt voilée par l'accumulation de pouvoirs ou de biens. Quoi qu'il en soit, il semble bien que la douleur causée par la mort soit intensifiée par les sentiments de pérennité et de toute-puissance ainsi que par l'**absence** de véritable **préparation au détachement**.

Encore que cela puisse changer au gré des valeurs, des idéologies et du contexte sociopolitique, la vie est généralement considérée comme le bien le plus précieux qui soit; un bien qu'il faut préserver à tout prix, dont il faut tirer profit au maximum et pour lequel nous sommes prêts à investir toutes nos énergies. Or, **la vie n'est pas donnée** comme on se plaît à le croire, mais bien **prêtée**. Malgré ce fait, nous grandissons et nous nous comportons, la plupart du temps, comme si nous étions les seuls maîtres de notre destinée et que nous étions immortels. Cela nous amène parfois à repousser la mort au point de la nier. Aussi sommes-nous facilement enclins à penser que la vie ne comprend pas son propre achèvement, que la mort est une absurdité qui, de surcroît, se manifeste toujours trop tôt et dans de mauvaises circonstances. Il est bien compréhensible que nous valorisions la vie et l'attachement aux biens de ce monde; l'homme ne subsiste pas de graines comme les oiseaux, ni de l'air du temps, ni de sublimations. Il est tout aussi défendable que nous cherchions à écarter la mort de nos préoccupations quotidiennes de vivants; personne ne peut vivre ni s'épanouir en pensant constamment à sa fin prochaine comme le font parfois les gens de prière et de méditation. Cependant, tout en célébrant la vie et en en glorifiant notre attachement, ne devrions-nous pas d'abord nous préparer à certains renoncements nécessaires, puis intégrer le fait que nous sommes mortels et, finalement, appréhender la mort avec un peu plus de réalisme?

La souffrance du détachement provient aussi du **déni de la mort et de tout ce qui s'y rattache**; des tabous, des interdits, des croyances erronées et des attitudes négatives; de la honte et du silence; de l'effritement du tissu social et de l'éclatement des familles; de l'absence de soutien approprié. Voilà autant de raisons qui marginalisent l'endeuillé et le placent en **double situation d'isolement**: **dans l'épreuve** elle-même ainsi que dans la **difficulté** de **valider** et de **partager ce qu'il ressent**. Naguère encore, l'expérience de vie et de mort s'inscrivait dans un cycle continu, perçu comme naturel et partagé par les membres d'une même collectivité où les rapports sociaux et familiaux étaient tissés plus étroitement et plus solidement. Autre temps, autres mœurs: le psychologique se module en fonction du sociologique, et vice versa. Pour diverses raisons, il est devenu tabou, déplacé, voire douteux, de s'intéresser à la mort.

En résumé, le **contexte social** et plus particulièrement le **déni de la mort** ont graduellement amené les endeuillés à porter seuls le fardeau de leurs souffrances, à se replier sur eux-mêmes, à endurer leurs tourments en s'appuyant sur le vieil adage que le temps est le plus grand guérisseur plutôt que de prendre le risque d'exposer leurs vulnérabilités et de demander de l'aide.

L'ambivalence est une autre difficulté propre à la phase de déstabilisation; elle vient souvent compliquer les choses. Elle est source de nombreux tiraillements et s'inscrit dans la souffrance du détachement auquel l'endeuillé doit procéder. Un important conflit existe parfois chez les personnes éprouvées entre le besoin de s'anesthésier, de s'étourdir et celui de continuer la lutte pour résoudre les difficultés (car l'endeuillé sait bien au fond que la résolution est une tâche particulièrement exigeante). Aussi peut-il être enclin à éviter l'anxiété soulevée par tout ce qui rappelle la perte, y compris le travail du deuil et le soutien disponible. Ce tiraillement prend une tournure particulière quand le sujet est ballotté entre le besoin de se faire aider (mais il n'est agréable pour personne de se sentir dépendant des autres et toujours un peu risqué de se dévoiler) et le désir de s'en sortir par ses propres moyens puisque, de toute façon, personne ne peut le faire à sa place.

Par ailleurs, on sait que tout changement, qu'il soit subit ou choisi, suscite une certaine ambivalence entre le retour au passé (le domaine du connu) et l'élan vers l'avenir (l'inconnu). Pour l'endeuillé, le passé le plus récent est composé des circonstances entourant le décès. Ce passé, associé aux derniers échanges avec le défunt, recèle le plus souvent des **images de maladie ou de mort**. Or, au début du deuil surtout, ces derniers moments semblent gravés à jamais dans la mémoire des survivants et bien qu'ils puissent souffrir de la persistance obsédante de ces images, ils sont hésitants ou réticents à les abandonner par **crainte de se détacher trop vite du disparu**. Il y a donc souvent une dualité, voire un combat, entre la volonté de se départir de ces images ou, au contraire, de les entretenir, de les conserver ou de les retenir. Il faut souvent beaucoup de temps pour effacer ces dernières représentations humaines de la relation (tous les souvenirs reliés à la maladie, aux soins, aux souffrances ou encore à la vue du cadavre et aux funérailles), les purger de leur contenu perturbant et les remplacer enfin par des souvenirs paisibles et positivement significatifs.

La rupture du temps

Une autre facette importante de la déstabilisation provoquée par le deuil est sans contredit la rupture du temps et les sentiments de malaise qu'elle suscite.

L'être humain existe dans la temporalité. Il vit et meurt avec le sens — à la fois sentiment et sensation — du continu, de la succession. Dès l'instant de la conception, la vie humaine s'inscrit dans un rapport espace-temps. La pensée, inséparable de la conscience du temps, se développe en fonction de l'«à-venir», du «de-venir». L'histoire personnelle de chaque individu n'existe qu'en rapport avec le temps, car elle s'élabore dans le continuum passé-présent-futur: «Nous avons vécu ceci, nous ferons cela», «Lorsque nous étions jeunes», «Quand nous aurons le temps et les moyens», «Le présent et l'avenir sont les fruits du passé», «Notre avenir et celui de nos enfants sont assurés, nous n'aurons pas vécu inutilement.»

L'être humain ne peut se développer sans l'existence d'un rapport réel et vivant aux êtres qui l'entourent. L'enracinement relationnel, ce tissu affectif sur lequel se construit la personnalité, initie non seulement les sentiments d'appartenance et de sécurité, mais aussi un certain sens de la durée et de la stabilité. Afin d'actualiser ses potentiels, l'individu a besoin d'un minimum de sécurité et d'harmonie dans le déroulement de la continuité. Toutes ces assises sont essentielles à l'élaboration, puis à la concrétisation de ses réalisations, de quelque nature qu'elles soient. Au reste, comment vivre et donner un sens à sa vie sans être à la fois enraciné dans le passé, présent dans l'actuel et projeté dans le devenir? Comment construire et poursuivre sa vie, avec sens et conscience, en ignorant les héritages reçus des prédécesseurs et ceux que nous transmettrons à nos successeurs, et ce, en passant par tout ce qui se construit et s'abandonne en cours de route? Comment vivre sereinement les temps de la vie sans le sentiment qu'ils s'accordent et se raccordent?

Ce sont aussi les mailles du temps qui tissent la toile de fond de l'existence.

Ainsi, l'homme a-t-il le douloureux privilège d'être conscient du temps, donc du temporaire et de la finalité, du limité et de l'achevé. Pour comprendre la temporalité, nous avons heureusement le secours de la raison, des sciences et de la philosophie, de la religion et de la poésie. Pour mieux accepter notre finitude, nous pouvons compter sur l'élaboration du sens de la durée. Et ce concept n'est-il pas justement une construction de l'intelligence humaine voulant pallier l'angoisse inhérente à la finitude?

Nous savons, bien sûr, que tout a une fin, que la vie est un cycle perpétuel d'achèvements et de recommencements. Plus souvent qu'autrement, c'est dans les moments difficiles qui ébranlent notre quiétude que cette vérité nous vient douloureusement à l'esprit. Poussant la réflexion, nous pensons même parfois en matière de continuum vie-espace-temps, de pulsations de l'infini, d'alternance d'être et de non-être, de passage, de renaissance et de métamorphose. Du reste, la nature n'a de cesse de nous démontrer que rien ne meurt vraiment ou plutôt que tout revit. La montée de la sève, le bourgeonnement et la floraison succèdent à l'hiver; les semailles et les moissons suivent le gel et le dégel de la terre; le blé fauché donne le pain et la paille, l'arbre abattu, le bois; l'eau se fige en glace, puis se retransforme en eau vive; certains animaux hibernent pour émerger le printemps venu. Autres exemples: la tombée de la nuit et le lever du jour, l'éveil et le sommeil, les funérailles et les naissances.

Gilles Vigneault a écrit un poème qui traduit bien ce rapport au temps et aux êtres qui, en quelque sorte, soude notre humanité:

«Pendant qu'un peu de temps
Habite un peu d'espace
En forme de deux cœurs,

Pendant que sous l'étang
La mémoire du temps
Dort sous un toit de glace...»

Arrêt, repos, endormissement, temps mort, déclin, achève-ment. Regain, pulsion, réveil, épanouissement. Pulsation et rebon-dissement. Le pouls de la vie qui bat la mesure du temps. Le temps qui rythme la vie, mais qui l'anéantit aussi.

D'un côté, la vie nous appelle et nous tire en avant, nous stimule et nous pousse, nous émerveille et nous comble de joie. D'un autre côté, elle nous freine et nous heurte, nous afflige, nous attriste et nous achève. En même temps que la vie nous façonne, nous enrichit et nous pétrit, elle nous morcelle et nous limite. Quel terrible tiraillement existentiel! Mais, plongés que nous sommes dans la continuité et le prolongement, nous ne pouvons pas trop nous attarder sur ce constat.

Il est extrêmement pénible, voire insupportable, pour l'humain de se sentir assujetti à sa propre finalité comme à celle des personnes qu'il aime. Comment avoir une emprise sur la fuite du temps, comment exercer un contrôle sur ses outrages? Comment se donner l'illusion de saisir et de maîtriser le temps, cette entité abstraite et fuyante, sinon en tentant de le matérialiser, de l'incar-ner? Nous disons **avoir** et **prendre** le temps: «Il me faut du temps, j'ai le temps, je prends le temps.»

Aussi, sommes-nous conscients du fait que le monde ne s'est pas constitué en un seul jour: il a une histoire, des traditions, un passé; il a aussi un futur possible qui recèle des potentialités et des espoirs insoupçonnés. Nous savons, et cette connaissance est parfois douloureuse, que tout prend du temps: la conception et le développement de l'individu, ses projets et ses réalisations ainsi que ses relations avec les autres. C'est à tout cela que, en tant qu'indivi-du, nous souhaitons contribuer. Même si le chaînon que nous formons n'est ni important ni durable, nous voulons laisser des traces, transmettre des preuves tangibles de notre passage dans le monde. Nous avons ainsi la consolation de contribuer à structurer l'univers par la pensée et l'action, de prendre part à l'histoire du monde et d'y laisser un souvenir, aussi fugace soit-il.

182

Mais cette participation n'est possible que si elle est fondée sur la continuité du temps et sur des valeurs assurées: les assises du passé, les possibilités actuelles et les résultats anticipés. Si les balises chancellent, si l'assurance de continuité est ébranlée, si les certitudes sont assombries ou obnubilées par le doute ou le désespoir, la participation risque de diminuer ou de devenir, au moins momentanément, passive ou destructive. Or, la mort, à plus forte raison quand elle nous touche de près, remet en question le sentiment de permanence sur lequel repose en grande partie la trajectoire de l'existence humaine et fausse les perspectives d'avenir.

La rupture subjective du temps provoquée par le deuil a non seulement pour conséquence de briser l'élan vers l'avenir mais aussi d'entraîner une certaine régression vers le passé. En effet, toute transition d'importance comporte une période où, par instinct de survie ou par mécanisme d'adaptation, la personne en processus de changement éprouve naturellement certaines craintes face à l'avenir incertain et est encline à retourner dans le seul élément qui lui paraisse fiable et connu: son passé. «Comment aimer l'avenir, s'il n'est pour nous qu'absence, si nous ne savons pas ce qu'il sera?... mais on peut aimer le passé... on peut le concevoir puisque nos souvenirs nous le décrivent... Le passé ne contient pas de risque...»[4]

Un deuil important, significatif, a donc pour effet de briser la continuité du temps. La mort situe la personne défunte hors du temps humain tandis qu'elle maintient le survivant dans un temps modifié, parfois altéré, mais toujours tronqué par l'absence de l'être aimé. Le disparu ne peut plus souffrir d'être en dehors de la temporalité; au contraire, son âme ou son être connaîtrait enfin la béatitude d'en être libéré. Ne dit-on pas des morts qu'ils reposent en paix, qu'ils sont entrés dans la lumière ou l'éternité? C'est le survivant qui souffre de l'absence du disparu durant le temps qui lui reste à vivre, car ce temps privé d'une partie de sa substance est néanmoins habité par le rappel parfois lancinant de ce qui a été, de «ce qui fut nous». Il n'est plus qu'un temps tronqué, envahi par la

---

4.   ALQUIÉ, Ferdinand. *Le désir d'éternité*, Paris, PUF, 1943, p. 45.

mystérieuse absence-présence, qui se fait sentir dans une trou-blante mi-réalité: «Elle n'est plus là physiquement. Je le sais, mais je ne cesse de la percevoir à mes côtés à tout moment, comme si d'une certaine façon elle était toujours là.»

La modification de la perception de l'univers

Nous venons de voir que la perception qu'a l'être humain de l'univers dans lequel il évolue est étroitement liée à sa conscience du temps et à son besoin de continuité. Mais le regard qu'il pose sur le monde, sur ses rapports avec les êtres, les choses et les événements est aussi étroitement lié à son histoire personnelle et, bien sûr, à tout ce qu'il investit, mais aussi à tout ce qu'il retire de ce monde auquel il participe. L'être humain est à bien des égards une repré-sentation miniature de la structure et du fonctionnement de l'uni-vers, et sa participation engage toute sa personne. C'est donc à travers ses idées, ses sensations et ses actions que s'incarne le temps et que s'élabore sa perception de l'existence. En même temps, c'est par la vision qu'il a de l'univers que l'individu donne un sens à sa participation, à ses engagements et qu'il dégage ses propres perspectives d'avenir. En ce sens, la perception du monde qui nous entoure et de la vie en général est bien davantage une **expérience vécue** qu'une vue de l'esprit.

À l'instar de l'enfant qui grandit dans un climat d'amour, de confiance et de sécurité favorisant une perception positive de l'univers, l'adulte a sensiblement besoin tout au long de sa vie des mêmes balises pour conserver une perception similaire. La con-fiance (en soi et dans le monde) sur laquelle se construit la person-nalité d'un individu s'acquiert très tôt dans la vie. Lorsque la satisfaction des besoins de base s'obtient en temps opportun, elle procure à l'enfant le sentiment d'être bienvenu dans le monde et d'y avoir une place (le droit à la vie). C'est donc sur cette confiance de base que s'appuient la certitude de sa valeur en tant qu'être humain et sa capacité d'anticiper l'avenir de façon réaliste et non angois-sante. L'enfant et plus tard l'adulte tiennent un discours intérieur assez semblable: «Je suis bien, j'ai tout ce qu'il faut pour me développer, pour avancer et progresser dans la vie. Le monde m'est favorable. Il n'est pas parfait, ni tout à fait amical ni tout à fait hostile, mais si l'existence comporte des difficultés, je me sens capable, dans la mesure de mes moyens, de les affronter avec lucidité.»

De la manière dont nous intégrons nos expériences se forge également notre façon d'appréhender le monde et d'entrevoir l'avenir. Si l'existence qu'on mène s'avère, somme toute, assez agréable, si l'on en retire suffisamment de satisfaction et de bien-être, on comprend que la vie puisse être perçue comme bonne et généreuse, et que les difficultés éprouvées ne remettent pas foncièrement en cause nos assises personnelles. Si, au contraire, l'être humain est en butte à de rudes épreuves, la mort d'un proche par exemple, le monde peut soudainement paraître menaçant et les difficultés soulevées par la déstabilisation risquent d'ébranler l'être en profondeur. Dès lors, on comprend mieux qu'un deuil significatif puisse affecter, voire perturber, notre vision habituelle du monde.

Ainsi, pour la personne éprouvée par le deuil, la rupture du temps n'est pas un phénomène purement métaphysique, mais bien un bouleversement réel des rapports au monde qui l'entoure et de son histoire personnelle. C'est à la fois la souffrance provoquée par ce bouleversement et la recherche d'un nouveau sens à donner à l'existence qui sont exprimées dans les paroles de certains endeuillés: «Si j'avais su, je n'aurais pas perdu de temps, j'aurais mieux employé mon temps, j'aurais pris le temps», «Si c'était à recommencer, je ferais ceci ou ne ferais pas cela», ou bien «Que puis-je faire pour atténuer l'impact de cet événement, aurais-je pu l'éviter?» «Ma vie est toute chavirée, mes croyances et mes valeurs sont bouleversées, que va-t-il advenir de moi?», ou encore «La vie est mal faite, pourquoi se donner tant de mal pour fatalement en arriver là?», «Il ou elle ne méritait pas ça.»

* * *

Il est utile de savoir que, chez la majorité des personnes en deuil, la période de déstabilisation est ponctuée de variations d'états physiques, de fluctuations d'humeurs et de comportements, d'oscillations entre la démission et les tentatives d'adaptation. L'individu perturbé va et vient entre le besoin de se réfugier dans le souvenir et le refus de s'y enliser, entre le découragement et l'espérance.

Néanmoins, il faut souligner que toute hésitante et cahoteuse qu'elle puisse être, la phase de déstabilisation marque globalement une progression. En effet, la plupart du temps et malgré l'abattement, l'amertume, la révolte ou la dépression, le sujet demeure relativement fonctionnel. Il n'est pas totalement inactif, passif ou abattu, bien au contraire, mais il est affecté par le chagrin et la privation, perturbé par des questions d'enjeux, de capacités, de rythmes, de choix, de possibilités.

Il commence cependant à réagir, à puiser dans ses forces vives et à utiliser ses facultés de rebondissement, bref, à faire les premiers pas qui mènent au rétablissement.

Figure VI

Processus évolutif du deuil

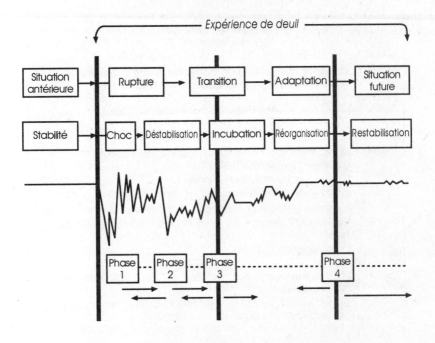

Temps de réflexion
La déstabilisation

- Qu'est-ce que je note de particulier quant à la perturbation de ma dynamique personnelle et relationnelle?

- Ai-je vécu un **effet dégel** suivi d'un **effet débâcle**?
Si oui, comment cela s'est-il manifesté?

- Dans l'exploration de la souffrance du détachement, qu'est-ce qui me touche le plus?
Le sentiment d'être abandonné?
L'impression d'être dépossédé de ma personnalité?
Les sentiments d'impuissance et de perte de contrôle?
L'isolement? Le déni de la mort et de la souffrance du deuil?
L'ambivalence?

- En quoi ma perception du temps et de l'univers s'est-elle modifiée depuis la mort de _____?
Autrement dit, est-ce que je note des changements importants dans ma façon de me situer dans le temps passé, présent et futur, et comment est-ce que je me raccorde au monde, à mon environnement?

À partir de ces pistes,
je poursuis mon questionnement
et je note mes réflexions sur:

Les effets de la déstabilisation du deuil dans les quatre
sphères suivantes:

La perturbation de ma dynamique personnelle et relationnelle

La souffrance du détachement

La rupture du temps

La modification de ma perception de l'univers

Ce qui peut nuire

- Croire que le deuil se termine avec les funérailles;

- Focaliser seulement sur ce qui va mal;

- Nier (moi-même ou les autres) mes états dépressifs ou les effets de ma déstabilisation;

- Renforcer ou alimenter ma douleur par des discours rationnels;

- Ne pas veiller à ma santé et à mon bien-être;

- Manquer de soutien ou d'interlocuteur aidant.

Ce qui peut aider

- Reconnaître et porter une attention particulière aux effets de la déstabilisation dans chaque sphère de ma vie;

- Me familiariser avec ma souffrance; autrement dit, comprendre ce qui la provoque et ce qu'elle contient;

- Me raccorder au temps actuel et valoriser les relations affectives les plus riches et les plus vitalisantes;

- Réfléchir aux moyens de m'en sortir;

- Noter les changements positifs et les progrès qui s'opèrent en moi;

- Affirmer ma volonté de me prendre en main en me fixant de petits objectifs à la mesure de mes capacités;

- Obtenir le soutien dont j'ai besoin.

Ce qui me nuit actuellement
ou pourrait me nuire

Ce qui m'aide actuellement
ou serait susceptible de m'aider

Troisième partie

L'aboutissement

Chapitre 9

L'incubation

La période que vous venez de traverséer vous a peut-être privé d'énergie ou démoralisé par moments, mais ne vous découragez pas pour autant. Vous possédez sans doute plus de force et de courage que vous ne le pensez; sinon, comment auriez-vous pu résister à l'épreuve et parvenir là où vous en êtes aujourd'hui? Bien que vous ne soyez peut-être pas totalement en mesure d'évaluer le chemin parcouru, il est fort probable que votre progression soit plus importante que vous ne le croyez.

Nous espérons que les pauses proposées vous aident à vous resituer, à vous ressourcer, à puiser en vous-même et autour de vous la force et la détermination nécessaires à la poursuite de vos objectifs.

Si vous vous sentez encore déstabilisé et désorganisé, vous vous demandez sûrement quand cela finira, quand viendra enfin le moment où vous souffrirez moins et fonctionnerez comme avant. Nous ne pouvons pas dire quand ce changement se manifestera de manière significative pour vous, mais nous pouvons néanmoins affirmer qu'il est déjà amorcé. En effet, même si vous n'en êtes pas entièrement conscient, des modifications s'opèrent peu à peu, des mécanismes d'adaptation et de guérison se mettent graduellement en œuvre dans votre corps, votre cœur et votre esprit. En tout cas, votre organisme tente de rétablir l'ordre physique, émotif et psychique ébranlé par la perte.

Mais cette transformation est progressive et en partie souterraine. Parfois, les changements sont subtils, minimes, quasi imper-

195

ceptibles de sorte qu'on a l'impression de stagner. C'est pourquoi nous qualifions cette étape de **phase d'incubation**. Il faut néanmoins souligner que ce processus d'incubation ne se déroule pas sans la participation du sujet, bien au contraire. C'est ce que nous vous proposons d'explorer dans ce chapitre. En premier lieu, nous considérerons l'expérience de deuil en tant que **changement que vous avez subi involontairement** à la suite de la perte de l'être cher et ressenti dans les diverses sphères de votre existence. En deuxième lieu, nous aborderons les étapes à entreprendre **pour maîtriser ce changement**, le transformer en expérience de croissance, pour employer une expression courante.

Subir le changement

De la naissance à la mort, et la plupart du temps à notre insu, nous sommes toujours en processus de transition (qui signifie passage). Mais tout en sachant que nous changeons constamment, nous ne sommes pas toujours conscients de la façon dont fonctionnent les mécanismes de défense contre les agressions et d'adaptatation aux bouleversements qui jalonnent l'existence, ni des changements qui s'opèrent en nous. Le plus souvent, ces changements se préparent et se déroulent en grande partie secrètement, indépendamment de notre volonté et d'une quelconque action de notre part. Nous constatons tout au plus que nous nous adaptons tant bien que mal et, fréquemment, malgré nous. Avant d'être **compris**, les changements sont **ressentis** puisqu'ils **se produisent** d'abord en nous. Toutefois, certains événements importants nous font davantage nous rendre compte non seulement d'être en mouvance, en transformation, en mutation, en processus continuel de transition, mais aussi de la nécessité d'agir, de réagir au changement.

Toute transition importante comporte les phases spécifiques suivantes: le **changement** d'un état ou d'une situation; la **reconnaissance** de ce changement et de ses conséquences; l'**identification** des moyens adaptatifs et la **recherche** de solutions; la **mise en oeuvre**, c'est-à-dire l'**application** des solutions et des moyens retenus; l'**atteinte** des objectifs et, enfin, le **bilan**. Ce n'est qu'en suivant ce processus qu'on peut parvenir à une certaine acceptation du changement ou du moins à s'y adapter.

Il est normal qu'un tel processus exige du temps et des efforts. Le deuilleur est bien conscient que la reconstruction est affaire de temps, de patience, d'utilisation de ses ressources, de soutien, mais aussi de **détermination**.

Gouverner le changement

Le décès amène un changement radical. Ce changement peut être vécu avec soumission et ses conséquences endurées avec résignation; le déroulement du deuil est alors passif et soumis presque entièrement à l'action du temps et des influences extérieures. Cependant, un changement même imposé de l'extérieur peut donner lieu à une prise en compte active, participative de la transition entre la déstabilisation et la réorganisation; dans ce cas, le sujet peut retirer une certaine satisfaction du contrôle qu'il exerce sur l'adversité et sur les conséquences de la perte, car il se prend véritablement en main.

Dans un processus de deuil normal, que ce soit plus ou moins le fait de la nécessité ou de la volonté, la personne éprouvée est généralement consciente de l'importance de réagir au changement **subi**, **imposé** de l'extérieur — la perte — en effectuant un changement intérieur **choisi**, **délibéré** — l'adaptation. Alors, la réalité devient toute autre: d'abord subi et incontrôlable, le changement peut devenir graduellement maîtrisé, dirigé en fonction des besoins et des capacités du sujet; une adaptation devient possible et, de plus, la participation active au changement facilite cette adaptation. Le deuilleur peut alors se dire qu'il réagit, qu'il agit avec lucidité sur ce qu'il lui arrive et en retirer une juste fierté.

On peut retenir ici deux points essentiels: premièrement, il est désagréable pour la majorité d'entre nous de subir des changements qu'on n'a pas souhaités; deuxièmement, nous préférons, le cas échéant, être en mesure ou tenter de les maîtriser et de nous y adapter. C'est une tendance naturelle chez l'être humain de chercher son bien tel qu'il le perçoit.

Avant de poursuivre, résumons les principales difficultés auxquelles l'endeuillé est soumis au cours de la déstabilisation et ce qu'il ressent à la suite de la mort de l'être cher:

— La difficulté de couper les liens, de se détacher;

— Le besoin plus ou moins persistant et gênant (au début du deuil surtout) de «ramener» le défunt près de lui, ce qui se manifeste par l'«attente» ou la «recherche» du disparu;

— La contradiction douloureuse entre l'absence de l'autre et sa «présence», une sorte de «contamination» (sous forme symbolique) du monde du survivant;

— Des questionnements déchirants sur soi, sur son avenir, sur l'autre, sur la relation, sur le destin ou le sens de la vie, de la mort, etc.;

— Les effets de la dépression du deuil sur les plans physique, psychique, émotif, comportemental et existentiel.

Cependant, au-delà des émotions, des sensations et des bouleversements ressentis, un processus d'incubation est à l'œuvre à travers l'expérience de l'épreuve; une préparation intérieure s'effectue délicatement pour satisfaire le besoin de l'organisme de recouvrer l'équilibre bouleversé. Déjà, l'étape du rétablissement et de la réorganisation s'amorce à votre insu.

Voici quelques outils pour aider le temps à faire son œuvre, pour favoriser l'incubation et votre participation à l'éclosion d'un mieux-être. Nous les regroupons sous deux rubriques: l'avoir-prise et le lâcher-prise.

L'avoir-prise

Nous employons ce terme pour désigner le pouvoir, l'ascendant que vous avez sur le problème et aussi le fait d'en saisir la nature ainsi que l'ampleur et d'explorer les moyens de le résoudre. Autrement dit, il faut d'abord avoir prise sur l'événement avant de s'en libérer, de pouvoir lâcher prise. L'avoir-prise recèle non seulement la **prise en compte du problème**, mais aussi **sa propre prise en charge** et une volonté manifeste à s'engager activement sur la voie de la libération. Voyons ces différents éléments.

• *Explorer la perte et ses conséquences*

Prendre conscience du changement et de ses impacts concourt à dédramatiser l'événement et à en diminuer les effets. Même s'il est difficile d'accepter une telle idée lors d'une épreuve, il n'en demeure pas moins que la nature d'une chose dépend en grande partie de la perception qu'on s'en fait. Dans le cas du deuil, reconnaître la perte et ses conséquences est le premier pas vers la résolution. Il est rare que les survivants nient la mort de leurs proches, il s'agit de cas isolés et souvent pathologiques. Par «reconnaître», nous entendons, bien sûr, réellement admettre l'événement, mais aussi pouvoir le nommer, l'explorer, en discerner les tenants et les aboutissants, identifier les secteurs de vie affectés et les diverses composantes du bouleversement provoqué par la perte ainsi que les pertes secondaires consécutives au décès. Certains endeuillés ne parviennent pas à procéder à cette exploration au début de leur deuil ou n'en ressentent pas le besoin. Cette attitude risque de prolonger inutilement l'effet de torpeur, de susciter des pensées et des images obsessionnelles quant aux circonstances du décès, de retarder la prise en compte de la situation et de rendre le sujet moins attentif aux conséquences de la peine ressentie, sur la santé, par exemple. Il est de beaucoup préférable de procéder à la reconnaissance de l'événement au moment même où il se produit. Cette reconnaissance passe le plus souvent par la parole et les échanges avec d'autres personnes. C'est pourquoi on insiste tellement pour que le deuilleur comprenne l'importance de verbaliser et de trouver des écoutants compréhensifs dans cette situation de crise.

• *Explorer les sentiments et les émotions*

Cette exploration est tout aussi importante que l'examen factuel de la situation; elle produit des résultats bénéfiques sur plusieurs plans. En effet, être en mesure de nommer et de clarifier les sentiments et les émotions soulevés par la perte permet de les accueillir plus sereinement, de les métaboliser, d'évacuer les pensées obsessionnelles et d'éviter la somatisation. Sur d'autres plans, c'est aussi ce qui concourt à briser l'isolement, à soulager le fardeau du chagrin, à accepter le soutien, à faire le point pour se resituer et, enfin, à se renseigner et à se rassurer sur les réactions vécues. Finalement, le processus de tri et de verbalisation rend possible l'amorce d'une exploration en profondeur de la relation avec le disparu.

Il s'agit évidemment d'une tâche pénible qui nécessite du temps et de l'attention. Elle est néanmoins déterminante dans l'évolution d'un deuil vers sa résolution.

• *Effectuer une relecture de vie et de la relation*

Cette relecture constitue une suite logique, une réponse spontanée et quasi inévitable aux nombreux questionnements suscités par la perte. Il n'est pas question d'une simple évocation décousue du passé ou d'une reviviscence occasionnelle du vécu, mais plus précisément d'une **remémoration élaborée** et **structurée** menant à l'exploration fouillée du passé et de la relation. Il s'agit donc d'une démarche essentiellement **autothérapeutique** qui peut être toutefois dirigée ou encadrée par un intervenant. La relecture de vie et de la relation avec la personne décédée est une tâche quelquefois rebutante, car elle donne lieu à une activité psychique intense qui s'avère douloureuse à certains moments. Cependant, nous vous encourageons fortement à l'entreprendre: elle vous procurera de nombreux bienfaits. Voici quelques fonctions importantes de cette tâche capitale dans la résolution du deuil.

— Une prise de conscience et une meilleure compréhension de votre vécu;

— Une révision de la notion d'invulnérabilité;

— Une meilleure acceptation de vos limites;

— Une consolidation de vos capacités personnelles;

— Le maintien d'un sentiment de continuité, de raccordement au présent, au passé et à l'avenir;

— La possibilité d'accorder ou de formuler un sens au passé, au présent et à l'avenir, bref, à votre existence;

— Le dégagement de solutions et de perspectives nouvelles;

— L'établissement d'un bilan de votre existence et la préparation de votre héritage affectif (celui que vous recevez et celui que vous laisserez);

— La reconstitution d'épisodes oubliés ou mal vécus et leur intégration aux autres; leur unification;

— L'intégration de l'absence;

— La poursuite à terme d'expériences inachevées ou de deuils non résolus;

— La relativisation, l'évaluation de certains aspects de la relation et de certains traits de personnalité du disparu.

Vous avez noté, ou vous allez probablement le faire, que le processus de relecture de vie s'amorce parallèlement à la déstabilisation. C'est un temps de réflexion, de justification, d'analyse, de remise en question, une sorte de procès intérieur visant à clarifier, à expliquer, à comprendre.

La façon la plus naturelle et la plus signifiante pour vous d'effectuer la relecture de la relation avec le défunt consiste à remonter dans le temps à partir des moments qui ont précédé le décès et de vous poser les questions suivantes: que représente exactement cette perte dans mon existence et quels sont les changements qu'elle occasionne? quelle place le défunt occupait-il dans ma vie, affectivement ou autrement? quelle était la nature de notre relation et que m'a-t-elle apporté?

Accordez-vous le temps nécessaire et faites l'effort d'accueillir vos émotions et vos pensées. Explorez-les sans faux-fuyants. Essayez de porter un regard nouveau sur la personne et la relation qui vous unissait à elle. Beaucoup d'endeuillés ont recours à des procédés simples pour faciliter leur exploration et pour réanimer leur vécu intérieur, notamment la prière, la méditation, la musique, une promenade dans la nature, le dialogue intérieur, le classement de photos, le contact avec des objets ayant appartenu au défunt ou le partage de souvenirs avec des amis communs. Il est parfois très utile de coucher sur papier le fruit de vos réflexions, en notant en parallèle des aspects différents, contradictoires ou imprécis. Vous pouvez, par exemple, répertorier dans une colonne les qualités du disparu, ce qu'il vous a apporté de plus significatif, ce que vous avez partagé de plus gratifiant avec lui et, dans la seconde, les aspects moins agréables ou plus conflictuels de la relation, ses défauts ou ses traits de caractère moins plaisants, etc.

En procédant ainsi, vous parviendrez assurément à considérer le passé d'une manière différente. Et c'est ce qui vous permettra de relativiser les temps forts de votre vécu. Tantôt vous revivrez des périodes habitées de tension et de frustration, puis vous vous rappellerez les moments de bonheur et de plénitude. Peu à peu se dégagera un consensus sur la relation qui existait entre le défunt et vous, ainsi que votre participation à cette relation. Peu importe le sentiment général (plus positif ou plus négatif) qui ressortira de cette relecture, l'essentiel est qu'elle vous permette de vous resituer et d'entreprendre un travail de restructuration sur les expériences inachevées.

• Régler les affaires non terminées

Grâce à cette récapitulation, vous comprendrez qu'il soit possible d'agir rétroactivement sur le passé et de régler des questions laissées en suspens. Dans certains cas, les expressions «régler ses comptes, en finir avec certains tourments ou boucler la boucle» pourraient être utilisées littéralement.

Tous, nous vivons avec quelque affaire non terminée, non résolue. Parfois, nous laissons les choses traîner, les situations s'envenimer, sans les clarifier au fur et à mesure avec les personnes concernées. Ce qui est plus grave dans le cas du proche endeuillé, c'est que la mort emporte avec elle les choses non réglées. Cela peut soulever un fort sentiment de culpabilité. D'un côté, il y a les frustrations, les regrets, les vides, les désirs inassouvis, les projets réduits à néant, les conflits, les erreurs de parcours; de l'autre, les reproches, les accusations, les gestes non faits ou inadéquats, les paroles dites ou non dites, les manquements et toutes les blessures infligées à l'autre au cours de la relation. Toutes ces plaies affectives laissent une empreinte amère et torturante dans la conscience du survivant. Qu'il s'agisse de torts réels ou non fondés, le deuilleur peut s'accuser de tous les maux, prendre à son compte toutes les fautes pour se punir d'avoir mal agi, mal aimé, exprimé des reproches, de n'avoir pas réussi à vaincre la mort, de survivre, et éprouver combien d'autres sentiments confus et pénibles.

Quelles que soient les blessures que vous avez infligées au disparu ou celles qu'il a pu vous causer, vous **devez** les **guérir** et vous **pouvez** le faire dès maintenant. Afin de rétablir votre équilibre psychique et votre paix intérieure, il est **capital** de vous **réconcilier avec le passé**, surtout le passé plus **douloureux**. Certes, vous n'avez pas le pouvoir réel de corriger ce qui a été fait, mais vous avez celui de revenir sur les événements, d'en modifier votre perception ou de les oblitérer mentalement. Commencez par reconnaître que l'erreur est humaine et qu'on ne peut tout mener à la perfection. Puis, essayez de relativiser avec objectivité la part de responsabilité réelle de chacun dans les torts et les conflits. Focalisez ensuite sur ce que vous avez fait de bien l'un pour l'autre plutôt que sur vos manquements respectifs.

Voici une allégorie qui vous inspirera et vous aidera à trouver une façon de remodeler votre passé et d'en finir avec ces fameuses affaires qui traînent. Imaginez un grand tableau accroché au mur du salon, qui représente votre passé. Il est constitué d'éléments très personnels et significatifs pour vous: il est unique. Mais son style ne correspond peut-être plus tout à fait à vos goûts actuels; ses couleurs sont défraîchies, assombries par la poussière et la patine du temps; il se peut également que le cadre soit passé de mode. Malgré tout, vous y êtes attaché et vous ne désirez pas vous en défaire, car c'est **vous-même** qui l'**avez peint** au fil des ans, et il représente votre existence. Alors, prenez un peu de recul puis voyez si un bon nettoyage ne raviverait pas ses couleurs, si le cadre ne devrait pas être remplacé, ou encore si votre tableau ne serait pas davantage mis en valeur dans une autre pièce de la maison.

Il existe une méthode simple pour retourner dans le passé et le transformer positivement: c'est la **pensée dirigée**. Il s'agit de recréer un scénario, de se faire une représentation mentale du dénouement — qu'on aurait souhaité différent — d'un événement ou d'un aspect d'une relation qui est demeuré en suspens. En voici un exemple.

Jean-François souffrait de ne pas avoir entendu son père lui dire de vive voix qu'il l'aimait et qu'il était fier de lui. Il ressentait un sentiment d'incomplétude. Le sujet fut abordé en profondeur au cours d'une entrevue, ce qui lui donna une meilleure compréhension de son vécu, mais le sentiment de vide persistait et empêchait Jean-François d'aller de l'avant. L'accompagnant proposa alors un exercice de pensée dirigée. Il lui expliqua brièvement en quoi cet exercice consistait et lui suggéra de le faire seul, au cours de la semaine, en l'assurant que, s'il n'y parvenait pas, ils le recommenceraient ensemble à la prochaine rencontre. Au rendez-vous suivant, Jean-François raconta comment il s'y était pris pour satisfaire son besoin. Durant le week-end, il était retourné à la ferme paternelle et s'était isolé dans la grange après avoir demandé à ne pas être dérangé. Il se blottit contre une botte de foin et ferma les yeux pour mieux diriger son esprit sur le scénario qu'il voulait élaborer. Il visualisa la rencontre intime qu'il aurait souhaitée avec son père. Dans sa rêverie éveillée, il se revit à la ferme, après une dure journée de labeur. Silencieux, le père et le fils s'attardaient à ranger la machinerie et à apprécier le travail de la journée. Soudain, Jean-François osa demander à son père s'il était content de lui. Il imagina sa réponse et mit dans la bouche de son père les paroles que celui-ci aurait sans doute prononcées s'il n'avait pas éprouvé une si grande gêne à exprimer ses sentiments. Ainsi, le fils élabora un dialogue franc et chaleureux au cours duquel les deux hommes se disaient mutuellement leur affection profonde. Après avoir raconté ce qu'il avait imaginé, Jean-François confia qu'il était maintenant persuadé que son père l'avait aimé, alors qu'auparavant, il en avait seulement la connaissance rationnelle. Grâce à la pensée dirigée, ce jeune homme de trente ans a pu avoir accès à un riche contenu, jusqu'ici resté emprisonné dans le non-dit, dans l'implicite.

Une autre façon de vous libérer de vos tourments et de rattraper le passé consiste à écrire au disparu pour lui confier vos préoccupations, vos sentiments, vos déchirements intérieurs ou vos ressentiments et vos regrets si vous en avez. Cet exercice peut vous mener sur la voie du pardon, s'il y a lieu.

• Réaffirmer votre personnalité

Gardez présent à l'esprit les qualités et les attributs positifs que l'être cher reconnaissait en vous. Bien qu'il ne soit plus là pour vous les refléter, ils existent toujours. Témoignez-vous des marques positives d'attention et reconnaissez-vous dans les meilleurs aspects de votre personnalité, puis prenez-en possession. Si l'adversité peut ébranler momentanément vos assises personnelles, elle n'en change pas radicalement la nature profonde, et l'être cher en disparaissant n'a pas le pouvoir de vous en déposséder. **Prenez contact de nouveau avec votre personnalité propre** et redonnez-lui un second souffle, par exemple, en vous donnant la peine de coucher sur papier ses aspects les plus essentiels.

Recensez vos **talents**, vos **désirs**, vos **aspirations** et vos **capacités**. Ce simple exercice vous aidera à dégager de nouveaux moyens pour **actualiser vos potentialités**.

• *Prendre soin de vous*

Vous avez sans doute constaté que les membres de votre entourage ont souvent des besoins différents des vôtres, ce qui d'ailleurs risque de susciter l'incompréhension ou de devenir source de malentendus. Prenez soin d'**identifier vos besoins spécifiques** par ordre d'importance, afin d'établir vos priorités. Vous avez peut-être encore le désir de **vous dorloter** un peu. Cela est souvent perçu par votre entourage comme de l'apitoiement ou de la complaisance. Vous seul êtes en mesure d'évaluer ce qu'il en est vraiment. C'est peut-être le moment de relativiser les injonctions d'un entourage bien intentionné, mais quelque peu inquiet, qui souhaite que vous repreniez votre équilibre du jour au lendemain, comme par enchantement. Si cela s'avérait nécessaire, rassurez vos proches; dites-leur que vous n'avez pas l'intention de croupir dans votre état actuel, mais bien d'en sortir, et que vous devez toutefois **respecter** vos **capacités**, vos **limites** actuelles et votre propre **rythme**. Devenez l'objet de votre compassion, ménagez-vous pour le moment en ne vous imposant pas des tâches trop difficiles.

Prenez soin de vous physiquement, psychologiquement et spirituellement en vous **accordant du repos et des loisirs**. Vous aussi avez droit au plaisir. Quels que soient vos engagements actuels et vos préoccupations, vous pouvez certainement, ne serait-ce que quelques minutes par jour, vous ménager du temps pour vous ressourcer par la **détente**, la **flânerie**, le **bricolage**, la **lecture**, l'écoute **de la télévision** ou de votre **musique préférée**, par exemple. Cultivez les intérêts qui sont une source de plaisir et délaissez les autres, il sera toujours temps d'y revenir.

Un excellent moyen de maintenir votre équilibre consiste à **exécuter les gestes routiniers**, à établir un cadre de référence dans l'organisation du quotidien. Conservez une certaine discipline surtout en ce qui concerne l'alimentation, le sommeil et les soins corporels. Soignez votre apparence, efforcez-vous de vous vêtir convenablement et de vous coiffer, même si vous n'avez pas toujours envie de le faire. Négliger son apparence ou son hygiène corporelle est déprimant. Essayez de vous mettre en valeur, de vous soigner; vous en retirerez fierté et satisfaction.

En résumé, tentez de mettre à profit tout ce qui peut renforcer **l'estime de vous-même**. Prenez fermement position en faveur de la valorisation plutôt que de la dépréciation ou du dénigrement de soi.

Le lâcher-prise

Le lâcher-prise, c'est ne plus retenir la souffrance occasionnée par l'absence du défunt, le laisser-aller dans le monde des morts et s'ancrer dans celui des vivants.

Ce processus nécessite l'effort de prendre des décisions et de passer à l'action. Il ne suffit pas de dire, comme s'il s'agissait d'une formule magique: «Mon Dieu, je m'abandonne à Toi, je m'en remets à Ta volonté» ou «Mon cher époux, je consens à te laisser aller» pour que la parole produise instantanément l'effet désiré. Nous avons d'abord mis de l'avant quelques moyens pour amorcer concrètement la prise en charge de votre existence. Nous vous proposons maintenant d'aller plus loin en entreprenant quelques actions utiles pour parvenir à lâcher prise définitivement.

• *Pardonner*

En poursuivant la relecture de vie, vous pourriez éprouver le besoin de pardonner à l'autre (ses travers, ses défauts, ses gestes blessants, etc.); de pardonner à la cause de la mort, au destin ou même à Dieu de vous avoir ravi l'être cher; d'être pardonné de vos propres manquements à l'endroit du défunt ou de vous pardonner à vous-même le tort que vous auriez pu lui causer.

Le pardon constitue une autre façon d'arriver au règlement des affaires inachevées, de panser les blessures et de se réconcilier avec le passé douloureux. Mais ne comptez pas sur l'oubli pour vous accorder cette grâce. Efforcez-vous plutôt d'affronter la cause de votre tourment et, pour ce faire, interrogez-vous sur les motivations profondes qui vous incitent à vous engager dans cette voie.

Reportez-vous au contexte de la relation; examinez avec lucidité et indulgence ce qui a provoqué les dégâts, ce qui aurait pu les éviter. Puis, analysez clairement la part des torts et des responsabilités de chacun. Autrement dit, essayez de comprendre avec objectivité les points de vue différents et tout aussi valables de l'offensé et de l'offenseur. À la suite de cette récapitulation, donnez libre cours à vos émotions et adressez-vous au disparu (en pensée ou par écrit) pour lui exprimer soit votre besoin, soit votre désir de lui pardonner, soit celui d'être vous-même pardonné.

On cesse d'entretenir des regrets, d'en vouloir au défunt ou à soi-même lorsqu'on est capable de reconnaître simplement ce qui fut sans poser de jugement de valeur. Viendront alors à l'esprit des paroles qui vont dans le sens de celles-ci: «Malgré le mal que tu m'as fait, je cesse de t'en vouloir et de retenir ma colère contre toi. J'ose croire que tu n'as pas agi dans le but de me blesser et que les choses auraient pu se passer autrement entre nous. Aujourd'hui, j'oublie tel événement, telle querelle, je me détache du passé pour concentrer mes énergies sur la vie présente. C'est fini, je ferme les livres de notre comptabilité affective.»

L'expérience de pardon libère les souffrances incrustées dans la sensibilité, ce qui a pour conséquence de procurer une nouvelle force qui peut être mise à profit dans la poursuite de l'existence.

Rappelez-vous que le pardon n'est pas un acte de volonté, mais bien un abandon auquel la personne consent entièrement. Car pour procéder au pardon, il faut au préalable avoir évacué les émotions négatives qui se rapportent au ressentiment et se sentir digne de recevoir ou capable d'accorder le pardon. Si vous êtes encore sous l'emprise de la révolte ou d'une forte colère, il est impossible que vous puissiez envisager le pardon. Dans ce cas, il est préférable de vous attaquer à liquider les émotions qui vous empêchent de vous libérer[5].

• Compléter les adieux

De nombreuses personnes dans votre situation éprouvent tôt ou tard le besoin de compléter les adieux effectués lors des funérailles,

---

5. Pour en savoir plus: MONTBOURQUETTE, Jean. *Comment pardonner*, Ottawa, Paris, Éditions Novalis/Centurion, 1992.

sous forme de rituel communautaire. Un rituel personnalisé, malgré l'intense émotion qu'il suscite, est apaisant et libérateur. Il est plus spontané que les rites prescrits par la religion ou la société; il s'élabore dans une symbolique significative de la vie du défunt et de la relation qui existait entre lui et le survivant; l'endeuillé le conçoit lui-même et le pratique dans une grande intimité. L'hommage ainsi personnalisé est plus conforme à l'histoire et aux valeurs du disparu et du survivant, ce qui permet de transcender la douleur causée par l'absence et facilite grandement la coupure des liens.

Ce rituel d'adieu peut se dérouler en présence de quelques personnes choisies parmi votre entourage, mais vous pouvez aussi l'effectuer seul, à l'exemple de cette femme qui éprouvait beaucoup de difficulté à laisser partir son fils unique, décédé subitement dans un accident de la route. Celui-ci était un amoureux inconditionnel de la nature, des lacs et des cours d'eau et grand amateur de pêche. C'était son grand-père maternel qui l'avait initié à ce loisir, ce qui, de surcroît, n'était pas banal aux yeux de la mère. Six mois après sa mort, le jour anniversaire de son décès, elle se rendit seule au lieu de pêche préféré de son fils. C'était une petite crique isolée, où le fils avait passé des heures à méditer tout en s'adonnant à son passe-temps préféré. Elle avait apporté avec elle les derniers leurres qu'il avait lui-même fabriqués. Longuement, elle s'attarda à contempler le paysage tant aimé par son fils et se rapprocha ainsi de lui en pensée. Elle s'approcha de l'eau, la boîte d'appâts dans les mains. Un à un, elle les jeta le plus loin possible et les regarda suivre le courant de la rivière. Chaque leurre dont elle se défaisait, elle soulignait une qualité, un attribut de son fils, et elle le remerciait sincèrement pour tout ce qu'ils avaient vécu et appris ensemble au cours des dix-sept années partagées. Elle s'imprégna des aspects positifs de leur relation et trouva enfin une grande paix intérieure.

Au fond, peu importe les moyens pris pour compléter les adieux, en autant que le rituel ait un sens profond. Préparez-vous intérieurement et, si vous êtes accompagné, informez les gens de vos desseins et de la façon dont vous souhaitez procéder. Déterminez le lieu, l'heure et le déroulement du rituel. Puis, le moment venu, établissez un contact intime avec la personne défunte. Dans vos propres mots, prononcez intérieurement ou à voix haute des paroles qui vont dans le sens des suivantes: «Cher _____
_____, j'ai apprécié tout ce que ma relation avec toi m'a

permis de réaliser; je te suis reconnaissant pour les années que nous avons partagées; j'aurais voulu qu'elles durent longtemps encore, mais la vie en a décidé autrement et ni toi ni moi n'y pouvons rien changer. Ton destin t'appartient maintenant; que le souvenir que je garde de toi m'aide à assumer le mien.» Faites le constat de l'héritage reçu et profitez bien de tout l'enrichissement qu'il vous apporte dans la poursuite de votre existence. Dites adieu et accordez-vous le droit d'être heureux, de vivre pleinement, en dépit de l'absence de l'être cher.

Il va sans dire que certaines circonstances changeront la teneur du rituel. C'est à vous de trouver les mots significatifs de votre adieu à l'exemple de cette jeune femme qui perdit son enfant à six mois de grossesse: «Chair de ma chair, je te désirais tellement, j'aurais aimé que tu grandisses en mon sein et que tu apparaisses enfin au terme de ton développement; j'aurais été curieuse de voir à qui de nous deux tu aurais le plus ressemblé; mais voilà qu'un vilain chromosome, ou je ne sais quoi exactement, t'a empêché de t'accrocher à la vie et de te développer normalement; c'est injuste, c'est vrai, mais je veux quand même te dire que ton père et moi t'avons aimé malgré le peu de temps pendant lequel nous attendions ta venue.»

Vous trouverez peut-être plus facile de vous adresser au défunt par écrit, plus pertinent de vous rendre sur les lieux où il repose, ou encore d'effectuer le rituel avec l'aide et le soutien d'un intervenant. Laissez-vous guider par vos motivations profondes. L'essentiel est que vous parveniez à compléter vos adieux.

• *Imaginer un avenir meilleur*

Rappelez-vous que vous êtes en transition vers l'avenir et non vers le passé. Rien ne sera jamais comme avant, mais le futur est riche de possibilités. Ne limitez pas votre accès à un nouveau bonheur. Au contraire, croyez-y de toutes vos forces même s'il vous semble encore inaccessible. Si la route est momentanément obstruée, pensez aux moyens pour contourner ou vaincre les obstacles plutôt qu'à démissionner.

Vous projeter dans l'avenir est une façon de le façonner à votre mesure, de le mettre en scène. À l'instar de l'acteur, essayez de **visualiser le personnage** que vous désirez jouer dans la nouvelle pièce que sera votre vie.

Consolidez le pouvoir que vous avez sur votre existence. Malgré son exercice limité en certaines circonstances, ce pouvoir existe toujours.

• Passer à l'action

La dernière de vos tâches principales, et non la moindre, consiste à passer à l'action. Nul doute que, au cours de cette étape, vous allez redécouvrir une vieille compagne qui s'appelle l'expérimentation. Certes, elle comporte des risques et des erreurs. Aussi, connaîtrez-vous à l'occasion des sentiments de crainte, de doute ou d'hésitation; il se pourrait même que vous paniquiez momentanément devant l'inconnu. Ne laissez pas ces sentiments passagers freiner votre élan et votre détermination. Dans ce cas, essayez de vous rappeler d'autres circonstances difficiles de votre existence au cours desquelles vous avez finalement décidé d'agir malgré la peur. Laissez-vous gagner par la satisfaction que vous aviez éprouvée alors au cours de ces expériences de dépassement. Les apprentissages antérieurs vous serviront une fois de plus de références et de guides pour surmonter vos appréhensions et agir au mieux de votre intérêt.

L'autre sentiment dominant qui peut vous habiter est l'excitation. Plus ou moins consciemment, il vous ramènera aux périodes de votre existence où vous aviez laissé libre cours à votre enthousiasme et à votre créativité, où vous vous étiez engagé avec réalisme et lucidité dans une action constructive en faisant confiance à la vie et à vos moyens. De tels moments ont existé pour chacun de nous. Indépendamment des résultats obtenus, ils nous ont permis de nous développer, d'expérimenter, d'en tirer un enseignement quelconque et de poursuivre notre chemin enrichis de l'expérience. C'est encore le cas aujourd'hui dans votre situation.

Passer à l'action équivaut peut-être pour vous à consulter un intervenant qui vous aidera à résoudre au mieux vos problèmes de santé ou à affronter des difficultés financières, familiales ou juridiques, ou encore à en finir avec des sentiments aussi accablants que la culpabilité, la colère ou le ressentiment. Pour de nombreux endeuillés, évacuer ces sentiments constitue une étape cruciale dans la résolution du deuil, étape qu'il est parfois difficile de traverséer seul. Il n'y a pas de honte à recourir à une aide professionnelle lorsque la situation l'exige; bien au contraire, c'est un signe d'intelligence et de santé mentale.

Sachez exactement ce que **passer à l'action** signifie pour vous. Globalement, cela veut dire s'accorder le droit de poursuivre sa vie dans le sens de la réalisation de soi, dégager les perspectives d'avenir les plus signifiantes et s'engager résolument vers les buts fixés. À l'occasion, vous buterez encore contre quelques obstacles, mais dites-vous bien que le trajet le plus périlleux est derrière vous et que vous êtes bien engagé sur le chemin de la réorganisation.

* * *

L'enjeu du travail de deuil n'est pas seulement de recouvrer l'équilibre antérieur, mais aussi d'instaurer un **nouvel équilibre**, et ce, en l'absence de l'être cher. Votre vie a changé et vous devez tenir compte de ces modifications dans l'élaboration d'un nouveau mode de vie. En effet, la perte vous a transformé, elle a façonné votre personnalité. Il s'agit maintenant pour vous d'assumer la nouvelle réalité et de remodeler votre existence en conséquence. Car, nous le répétons, vous êtes partie prenante et non pas extérieure de cette nouvelle réalité. Bien plus que d'être un témoin de cette transformation, vous en êtes un participant. Vous êtes aussi le propre artisan de votre destinée.

Afin de favoriser votre passage du côté du mieux-être, il importe de vous fixer dès maintenant des objectifs à court, à moyen et à long terme. Même si la réalisation de certains d'entre eux vous semble pour le moment inaccessible, ne laissez pas le doute freiner votre enthousiasme et briser vos espoirs. À force de semer et de persévérer, vous récolterez immanquablement un jour les fruits de vos efforts et serez peut-être étonné de l'abondance de la récolte. Certains objectifs peuvent vous sembler banals, mais ils sont nécessaires à la réorganisation et au bon fonctionnement de la vie au quotidien.

L'objectif ultime est d'élaborer la façon de poursuivre une existence valorisante. Pour vous y engager assurément, vous devez établir les étapes à franchir pour atteindre la destination finale.

La «centration» sur cet objectif vous aidera à vous engager plus avant dans le processus de résolution du deuil. Nous vous invitons donc à utiliser l'espace qui suit pour formuler dans vos propres mots l'objectif principal que vous tenterez d'atteindre.

• **Mon objectif principal**

_____

_____

_____

Je signe en date du: _____

Maintenant, dans chacun des tableaux qui suivent, vous êtes prêt à dresser la liste de vos objectifs à court, à moyen et à long terme et des moyens préconisés pour les atteindre. Reportez-vous à des procédés simples que vous avez probablement déjà utilisés lors de certains moments difficiles, et qui vous ont semblé bénéfiques. Il s'agit souvent de moyens à votre portée, mais auxquels vous n'avez pas encore songé. Par exemple, pour mieux vous alimenter, il suffit peut-être de vous procurer un nouveau livre de recettes qui stimulera votre créativité ou encore pendant quelque temps, d'acheter des plats cuisinés si vous n'avez pas envie de préparer vos repas. Les listes qui suivent ne sont soumises qu'à titre indicatif, adaptez-les à vos besoins, apportez-y votre touche personnelle. Soyez inventif, cherchez dans votre expérience ou celle de vos proches; vous trouverez sûrement des solutions.

Mes objectifs à court terme

- Prendre soin de ma personne
- Bien m'alimenter
- Veiller à ma santé
- Bien entretenir mon appartement
- M'accorder du repos
- Me distraire
- Maintenir des relations significatives
- Veiller au bien-être de mes proches
- Explorer la perte et ses conséquences
- Inventorier mes sentiments et mes émotions
- Autres objectifs personnels:

_____

_____

_____

_____

_____

Moyens que je prends pour les atteindre

Mes objectifs à moyen terme

- Mettre de l'ordre dans les papiers
- Faire un tri des vêtements et des objets
- Réaménager mon espace
- Prendre soin de ma personne
- Reprendre des activités délaissées
- Entreprendre de nouvelles tâches ou activités
- Approfondir ma démarche intérieure
- Effectuer une relecture de vie
- Régler les affaires non terminées
- Réaffirmer ma personnalité
- Autres objectifs personnels:

_____

_____

_____

_____

_____

Moyens que je prends pour les atteindre

Mes objectifs à long terme

- Me pardonner ou pardonner au défunt
- Compléter mes adieux
- Me souvenir sans souffrir
- Nouer de nouvelles relations
- Développer mes talents, mes habiletés
- Me projeter dans un avenir meilleur
- Vivre avec plénitude
- Autres objectifs personnels:

_____

_____

_____

_____

_____

Moyens que je prends pour les atteindre

Temps de réflexion
L'incubation

- Est-ce que je suis plus enclin à **subir** le changement ou au contraire à le **gouverner**?
  Qu'est-ce qui me fait dire cela?

- Comment est-ce que j'exerce l'**avoir-prise**?
  Me suis-je donné la peine de formuler mes objectifs et de terminer ma liste de moyens pour les atteindre dans les tableaux mis à ma disposition?
  Si oui, qu'est-ce que j'en retire?
  Sinon, qu'est-ce qui me retient de le faire?

- Quelles sont mes motivations à **lâcher-prise**?

- Quelles sont les attitudes que je préconise pour poursuivre ma traversée?

- Quelle est ma façon de passer à l'action?

**À partir de ces pistes,
je poursuis mon questionnement
et je note mes réflexions sur:**

Subir ou gouverner le changement

Mes objectifs personnels et ma liste de moyens pour les accomplir

Les attitudes que je développe pour progresser

Mes outils pour faciliter le lâcher-prise

Ce qui peut me nuire

- Subir le changement plutôt que le gouverner;

- M'en remettre au destin et à la poursuite du temps;

- Adopter des attitudes négatives, comme négliger ma personne ou envisager le pire;

- Ne pas identifier l'objectif sur lequel je dois concentrer mes efforts;

- Démissionner devant le travail à entreprendre;

- Retenir l'être cher au lieu de lâcher prise;

- M'entêter à me débrouiller seul lorsque j'ai besoin des autres.

Ce qui peut m'aider

- Diriger le changement, passer à l'action;

- Mettre en valeur ma personnalité et tout ce qui a trait à mes ressources intérieures;

- Formuler mes objectifs et utiliser les moyens disponibles pour les atteindre;

- Adopter une attitude réaliste et globalement positive par rapport aux tâches à entreprendre;

- Revenir à mes motivations profondes; puiser à même mon désir de mieux-être pour réaffirmer ma volonté;

- Recourir à des outils simples, à ma portée, comme le sont la relecture de vie et le rituel d'adieu;

- Vivre des relations vitalisantes et me donner des temps de ressourcement;

- Me projeter dans un avenir meilleur.

Ce qui me nuit actuellement
ou pourrait me nuire

Ce qui m'aide actuellement
ou serait susceptible de m'aider

Chapitre 10

La réorganisation

Poursuivant notre périple, nous nous dirigeons progressivement vers l'aboutissement des efforts déployés pour sortir de l'épreuve. Profitez-en pour vous arrêter et évaluer le chemin déjà parcouru; vous verrez à quel point vous avez progressé depuis le début de votre deuil. Soyez indulgent envers vous-même, donnez-vous le temps de retrouver vos forces physiques et morales, renforcez vos acquis et persévérez. Chaque pas vous rapproche du but. Vous pouvez être persuadé qu'à force de persister, votre marche deviendra plus assurée, plus décisive.

Les manifestations de la réorganisation

Jusqu'à maintenant, nous avons exploré de multiples aspects des conséquences qui découlent du deuil. Nous avons vu que l'organisme de la personne éprouvée tend naturellement à recouvrer son équilibre ébranlé et que le corps social contribue de diverses façons à ce rétablissement. Nous avons abordé les moyens à mettre en œuvre par l'endeuillé pour prendre part activement au processus de guérison naturel, donc participer à sa restabilisation et prendre en charge sa destinée.

Afin de vous guider dans l'étape actuelle de la réorganisation et de vous aider à évaluer vos progrès, nous dresserons dans ce chapitre un tableau d'ensemble des signes probants des améliorations qui se sont produites et de celles qui restent encore à venir. Nous vous proposerons également quelques moyens susceptibles de faciliter votre réorganisation.

221

• Le plan physique

Au stade de la réorganisation, l'une de vos premières constatations est sans doute une **nette amélioration** de votre **état physique**. Les symptômes associés durant les phases de choc et de déstabilisation sont résorbés. En principe, votre cycle de sommeil normal devrait être rétabli ou, à tout le moins, vous devriez connaître des périodes plus régulières de sommeil réparateur. Les diverses tensions que vous pouviez éprouver, musculaires et cérébrales par exemple, sont disparues ou considérablement diminuées. Les perturbations du régime alimentaire s'estompent elles aussi: vous mangez avec plus d'appétit, de façon plus régulière, ou bien les fringales sont plus rares, moins intenses; vos bonnes habitudes reviennent ou même de meilleures s'instaurent. Votre tonus musculaire et nerveux redevient normal et vous retrouvez peu à peu votre énergie, votre dynamisme. Ne soyez pas étonné s'il subsiste encore quelques reliquats de désordre; ils dépendent bien sûr de la gravité de la déstabilisation subie. Toutefois, globalement, l'amélioration de votre état physique devrait s'accompagner de signes tangibles et se poursuivre.

Nous insistons cependant sur ce point capital: d'une part, il s'agit ici de la disparition des symptômes apparus **à la suite du décès**. En effet, la perte peut n'avoir fait qu'accentuer des troubles qui existaient déjà. Pour évaluer les changements, il est donc nécessaire de vous reporter à l'état dans lequel vous étiez **avant** de vivre l'épreuve du deuil. Cela vaut bien sûr pour tous les autres changements. D'autre part, des personnes qui subissent une importante perte affective sont exposées — selon leur âge, leur sexe, leur état de santé ou leur mode de vie — à des risques accrus de complications, par exemple des troubles cardio-vasculaires ou une dépression sévère. Si vous avez le moindre doute sur votre état de santé, si vous étiez déjà suivi sur le plan médical, si certains symptômes persistent ou si de nouveaux apparaissent, nous vous conseillons fortement de consulter un médecin et de l'informer de votre situation.

• Le plan cognitif

Sur le plan cognitif, l'un des signes révélateurs du mieux-être est la **disparition des pensées obsédantes** entourant les circonstances du décès et l'attente d'un retour possible du défunt. Ce mieux-être se manifeste en partie par rapport au sommeil: les cauchemars comportant des scènes pénibles de maladie et de mort sont maintenant choses du passé; en général, ils cèdent la place à des rêves au contenu différent. Le choc a pu marquer fortement votre psychisme et il est peut-être lent à l'absorber, d'où l'existence occasionnelle de rêves troublants remplis d'images et de symboles parfois obscurs et perturbants ou, au contraire, clairs et apaisants. Il est difficile de décoder les messages contenus dans les rêves. En se reportant à la sensation globale du rêve plutôt qu'au contenu proprement dit, il est souvent plus facile d'en faire une certaine lecture. Quelques rêves significatifs peuvent donc révéler que le travail d'intégration du deuil se poursuit.

Par ailleurs, certaines personnes déplorent ne pas rêver au défunt comme elles le souhaiteraient (au début du deuil surtout), exprimant ainsi leur désir inconscient de le ramener auprès d'elles ou encore le besoin latent de régler des affaires inachevées. Les tâches abordées plus tôt ont, à cet égard, un effet déterminant.

Le détachement qui s'opère graduellement a aussi pour effet d'éliminer l'**impression** de **présence** du défunt dans votre vie quotidienne et, par conséquent, de **modifier** certaines **habitudes** acquises de son vivant; par exemple, lui réserver sa place dans le lit et lui dresser un couvert à table, lui préparer des repas ou lui demander son avis. La **présence du défunt** est déjà fortement **intériorisée** durant la phase de réorganisation, et une conscience plus aiguë de **l'impossibilité de son retour** se développe au même moment. Ce qui prédomine alors, c'est l'acceptation de **son absence définitive**.

La **résorption** de certains états de **confusion** est une autre manifestation concrète des changements positifs. Vous remarquerez qu'il est alors plus aisé d'organiser vos activités, d'assumer vos tâches de façon structurée et suivie. De plus, vous êtes moins sujet aux distractions. Globalement, vous avez plus de facilité à aborder le quotidien et à vous rattacher à la réalité.

• Le plan comportemental

L'effet régulateur des changements physiques et cognitifs entraîne forcément des **modifications** de **comportements**. Si le choc émotionnel a provoqué une réaction d'apathie, vous devriez maintenant être beaucoup moins abattu, donc, plus dynamique. Par contre, si vous étiez enclin à étouffer votre douleur par l'hyperactivité, vous devriez être plus pondéré dans vos activités et vos comportements. Les mouvements d'impatience et d'hostilité, les emportements verbaux ou gestuels doivent être eux aussi révolus. Si, momentanément, vous avez eu recours à des expédients (l'alcool, par exemple) pour échapper à votre souffrance ou l'engourdir, vous n'éprouvez plus ce besoin. La maîtrise de vos agissements remplace le fonctionnement automatique que vous avez pu connaître un certain temps. Vous remarquerez probablement que la solitude vous apparaît maintenant comme un havre de tranquillité, une occasion de vous retirer en vous-même plutôt qu'un isolement ou un retrait social. Aussi, est-il plausible que vous ayez commencé à socialiser davantage.

La douleur morale que vous ressentiez chaque fois que vous étiez confronté à un objet, à un lieu ou à une circonstance rappelant le défunt est moins vive qu'au début du deuil. Les pensées et les émotions qui se manifestent à diverses occasions ne déclenchent plus d'intenses bouffées de chagrin. Vous êtes donc moins porté à éviter tout ce qui risque de rappeler le défunt. Donc, l'attachement démesuré aux objets lui ayant appartenu et aux lieux imprégnés de sa présence est devenu normal. Après avoir procédé à un tri, il est normal de se départir de certains de ses effets personnels en faveur des proches et des héritiers, et de renforcer ainsi son souvenir dans leur cœur. Souvent les endeuillés tiennent à conserver certains objets symboliques. C'est très bien en autant qu'une valence affective positive puisse y être rattachée. Ainsi, il peut s'avérer malsain de conserver des choses qui n'auront jamais plus d'utilité pour qui que ce soit, ou qui rappellent douloureusement la maladie, par exemple une prothèse mammaire, une perruque, une marchette ou des médicaments. Il faut se départir de ces objets qui encombrent ou prolongent inutilement le travail de détachement.

Le besoin compulsif de parler du défunt et de sa mort, peut-être par peur de l'oublier, disparaît de la même façon. C'est avec calme que son souvenir est évoqué au cours des conversations ou de manière fortuite. Dans le même ordre d'idée, les comportements qui constituent une identification délibérée à la personne défunte (gestes, mimiques, intonation de la voix, opinions et intérêts) sont abandonnés et l'endeuillé réaffirme alors son identité propre.

• *Le plan des sentiments*

L'évolution graduelle de votre état affectif se traduit aussi par des changements significatifs sur le **plan** des **sentiments**, ce qui est un autre indice important de réorganisation. Même si certains sentiments dominants soulevés par la perte ne disparaissent pas complètement, ils se modifient radicalement en cours de route. Il en est ainsi de la **colère** et de la **culpabilité**, qui s'estompent et se transforment à mesure que l'endeuillé parvient à les relativiser. Nous avons vu comment vous pouviez resituer les choses dans une perspective différente et, bien qu'il puisse subsister des traces ou des relents associés à la réaction initiale de colère ou de culpabilité, les divers moyens pris pour maîtriser cette réaction devraient entraîner sa décroissance de manière sensible.

Si vous avez éprouvé du **ressentiment** à l'égard du défunt pour quelque raison que ce soit, le dénouement des affaires inachevées et le processus de pardon devraient avoir eu pour effet de régler la question. En période de réorganisation, vous pouvez vous attendre à être libéré de la rancune et à utiliser votre énergie émotive et psychique de façon plus constructive. Il en est de même pour le **sentiment d'avoir été abandonné** suscité par la réactivation de l'angoisse de la séparation. Vous comprenez maintenant que l'être cher n'a pas choisi d'être malade et de mourir, que sa mort n'est pas un acte d'abandon ou de rejet. Même en cas de suicide, vous devriez être en mesure de mieux saisir les motifs qui ont conduit à cet acte et d'admettre que la décision de l'autre n'est pas de votre ressort. S'il en est autrement, il est peut-être souhaitable d'initier une démarche thérapeutique avec l'aide d'un accompagnant afin de vous libérer de ces tourments empoisonnants.

Les **sentiments ambivalents** que la perte a pu susciter devraient être beaucoup moins déchirants. La relecture de vie et de la relation vous a donné l'occasion de poser un regard plus réaliste sur le passé, de comprendre et d'admettre la coexistence de sentiments conflictuels comme un fait normal chez tout être humain. Le processus de pardon devrait vous permettre d'éviter que de tels sentiments persistent et n'entravent à jamais la relation passée et votre vie affective future.

Les périodes de **chagrin** deviennent peu à peu **moins fréquentes** et **moins intenses**. Cependant, il serait irréaliste d'aspirer à l'effacement total du chagrin dans les mois ou les années qui suivent la perte. C'est assurément ce sentiment qui persiste le plus longtemps; il est possible qu'il en subsiste à jamais des traces indélibiles sans pour autant que cela affecte votre recherche de bonheur. S'il vous arrive encore d'éprouver de soudaines bouffées d'émotion dans un contexte peu propice (au travail ou en faisant votre marché, par exemple), essayez d'user du stratagème suivant pour les contrôler: adressez-vous à votre peine, reconnaissez sa présence au lieu de l'ignorer, dites-lui que vous l'accueillez mais qu'il vous est impossible pour le moment de vous en occuper. Demandez-lui de se taire, de se faire toute petite, de se blottir dans un coin de votre cœur pour que vous puissiez mener à bien la tâche entreprise, et dites-lui que vous vous occuperez d'elle comme vous le souhaitez quand la situation vous le permettra. L'important est de ne pas nier la présence du chagrin et de différer le moment où il sera possible d'y revenir pour satisfaire votre besoin de le prendre en considération.

Le fait de réaffirmer votre personnalité et d'occuper la place qui vous revient dans l'existence devrait prendre le dessus sur les **sentiments d'incomplétude** et **d'autodépréciation** que la perte de l'être cher a pu susciter en vous. En continuant de vous actualiser, vous réalisez que la privation de l'être aimé, bien qu'elle constitue une perte affective importante, ne détruit pas votre personnalité foncière. Ayant surmonté la dépression, vous reprenez maintenant contact avec vos potentiels et vos capacités.

Globalement, le **sentiment d'anxiété** diffus s'estompe. Dans votre situation, il est possible que l'inconnu, les difficultés d'ordre pratique et matériel, les incertitudes liées à la réorientation ainsi que la prise de conscience des obstacles qui restent à franchir suscitent une certaine anxiété. Mais il est déjà plus aisé d'y faire face quand on parvient à l'identifier. Le changement majeur dans votre existence réside dans le fait que l'anxiété qui lui est inhérente cesse d'être associée à la menace d'anéantissement de l'ego.

Submergé par l'affliction et l'ampleur des effets déstabilisateurs, vous avez peut-être connu des périodes de **désespoir**, même nourri l'idée d'en finir avec la vie et de rejoindre le disparu. Il serait injuste de vous reprocher ces moments de fragilité occasionnés par le brouillard du désespoir. Renforcez plutôt votre fierté d'avoir vaincu ces moments difficiles, alors que d'autres n'ont pas pu les surmonter. Réaffirmez votre détermination à vous engager dans un avenir meilleur.

• Le plan spirituel

La mort affecte à divers degrés la sphère spirituelle de l'individu. Pour les croyants, Dieu, en mettant fin à la vie, rappelle à Lui ses créatures: le corps retourne en poussière et l'âme s'en va au royaume de son Créateur. Chez les athées, la mort est souvent considérée comme un retour au néant: pour eux, rien ne subsiste de l'individu, si ce n'est sa mémoire dans l'esprit des survivants, ainsi que son héritage, au propre et au figuré. D'autres personnes croient que la mort est une forme d'existence différente: l'esprit de l'être survit à l'enveloppe charnelle et se joint à l'énergie cosmique. Mais quelle que soit la conception de la finitude humaine, la mort demeure pour chacun de nous un mystère qui interpelle le corps et l'esprit. La souffrance du deuil est affaire de sensations et de sentiments, elle est incarnée avant d'être transcendée. Il est inévitable que cette souffrance soulève des questionnements brûlants sur le sens de la vie et de la mort, sur la justice humaine et divine, sur le fini et l'infini. L'intense travail psychique suscité par la quête de réponses à ces questions est une composante majeure de la déstabilisation des endeuillés. Afin de retrouver l'équilibre, il est important pour eux de trouver un sens humainement acceptable à leur expérience, même si cette réponse n'est que partielle ou temporaire.

Si vous êtes croyant, vos convictions et la prière ont certainement contribué à votre réconfort et soutenu votre espérance. Si vous n'adhérez à aucune doctrine religieuse ou philosophique particulière, les valeurs humaines que vous mettez de l'avant auront sans doute servi de levier principal pour vous sortir de l'impasse. Quoi qu'il en soit, la réorganisation se traduit également par le **dégagement** du **champ spirituel** ou **existentiel** et l'apaisement des grandes interrogations sur le sens de la mort. Même si de nombreuses questions demeurent sans réponses, vous profitez néanmoins d'une accalmie.

• *La modification du modèle de soi et du monde*

«Un seul être vous manque et tout est dépeuplé.» La désolation exprimée dans ce vers de Lamartine a trait non seulement à la privation de l'être cher, mais aussi aux changements qu'elle inflige à l'univers du survivant. En effet, la perte bouleverse l'ordre établi, entraîne un déficit affectif, perturbe le fonctionnement de l'endeuillé et modifie sa relation à lui-même, à autrui et au monde dans lequel il vit. À la suite de ce bouleversement, sa perception de l'univers et de l'existence ne peut plus être tout à fait la même qu'avant l'épreuve. C'est ce qu'on entend par l'expression **«modification du modèle de soi et du monde»**. Cette modification existe bien: à l'évidence, la réalité est changée, que ce soit dans un cercle restreint et fonctionnel ou dans les champs affectif, relationnel ou métaphysique. Considérer que «la mort fait partie de la vie» est une chose, mais nous avons vu au chapitre précédent qu'intégrer, métaboliser ce raisonnement en est une autre.

Ainsi, une des manifestations de la réorganisation à laquelle vous procédez est précisément la restructuration d'un modèle qui vous permette de bien fonctionner. La nouvelle réalité n'est plus considérée comme irrecevable et vous cessez d'être hostile aux changements qu'elle vous impose. Les premières appréhensions surmontées, vous parvenez de plus en plus aisément à vous insérer dans cette réalité comme vous le faites pour endosser un vêtement qui a été retouché, remodelé: «La perte a changé ma vie. Je ne suis plus tout à fait le même depuis ton absence. Je me rends compte que ma personnalité foncière demeure malgré tout et c'est réconfortant. Je m'adapte et m'ajuste aux bouleversements occasionnés par ta mort. J'arrive à poursuivre une existence valorisante dans la nouvelle réalité.»

«Comment pourrais-je oublier?» disent souvent les endeuillés. Il n'est surtout pas question d'oublier le disparu, mais plutôt d'intérioriser sa mémoire, son souvenir, sa présence. Ce que cette personne aura fondamentalement été pour vous restera à jamais en vous. Il vous sera toujours possible d'y revenir, de vous abreuver à son souvenir, de vous ressourcer à sa mémoire.

À certains moments, vous vous surprendrez à ne plus penser au disparu; puis, de façon tout à fait inattendue, il frappera à la porte du souvenir. Certains endeuillés perçoivent cette distanciation comme une seconde séparation ou, pire encore, comme un abandon de leur part, ce qui soulève en eux un sentiment de culpabilité. Il est normal que vous cessiez de penser au disparu tout le temps, comme c'était le cas au début du deuil, puisque vous êtes maintenant plus ancré dans le présent que dans le passé. Ne pas penser au défunt continuellement ne signifie pas que vous êtes en train de l'oublier, mais que votre besoin éperdu de le ramener à vous est désormais révolu, ce qui constitue un signe tangible du désinvestissement affectif de la relation. Au reste, il ne faut pas que l'intériorisation du défunt vous empêche de vivre pleinement et librement, ce qui pourrait être le cas si vous étiez sans cesse habité par son souvenir. Si vous vous sentez mal à l'aise de ne plus penser autant à lui, exprimez-le-lui, rassurez-le sur votre fidélité, demandez-lui de ne pas vous en vouloir et expliquez-lui comment vous vivez sa présence intérieure.

* * *

Parmi tous les changements de sensations, de perceptions, de comportements et de sentiments que nous venons d'exposer, certains se produisent plus rapidement et manifestement que d'autres. Il est même probable que vos proches en constatent les effets avant même que vous soyez en mesure de bien les reconnaître. À plusieurs égards, il n'est pas exagéré de dire que votre progression vous transforme intérieurement, et il n'est pas simple de s'adapter à cette transformation. Vous souvenez-vous de votre dernière convalescence, de votre adaptation à un nouveau travail, de votre installation dans un nouveau quartier ou encore du début d'une relation amoureuse? Essayez de vous rappeler comment vous avez pu alors vous sentir différent, comme si vous étiez dans un autre monde ou habitiez un autre corps. Ce que vous vivez en ce moment est du même ordre. Toutes les transformations imposées par la vie nécessitent une période bénéfique de gestation et de transition.

Quelques moyens susceptibles de faciliter la réorganisation

L'allégorie, l'écriture de même que le discours intérieur peuvent constituer d'excellents **moyens de dépasser les aspects les plus difficiles du deuil et de progresser dans la réorganisation**. Voici quelques suggestions.

Avez-vous déjà envisagé de raconter l'histoire de votre vie, soit par l'écriture, soit par des enregistrements? «Il était une fois...» Cet exercice bilan aide souvent à dégager une meilleure compréhension de son histoire et permet de se rendre compte que les expériences vécues ont façonné notre personnalité, chacune à sa manière. Donnez-vous la peine de remonter dans le passé, de raconter comment vous avez grandi, développé votre personnalité, vos talents, vos relations et vos intérêts. Relatez les moments les plus significatifs de votre existence et revoyez comment vous les avez vécus. Ainsi, vous trouverez peut-être le fil conducteur de votre existence; cette découverte pourrait bien vous servir de guide pour la poursuite et l'atteinte de vos objectifs.

Pourquoi ne pas essayer de vous adresser directement à votre peine pour vous en défaire? Ce procédé peut vous sembler étrange et inusité, mais il est néanmoins possible qu'il déclenche un mouvement de lâcher-prise bienfaisant: «Chère peine (il s'agit d'une formule de politesse, bien sûr), je t'ai accueillie en moi, je t'ai écoutée, respectée, observée; tu m'as appris des choses que j'ignorais. En un sens, je peux dire que j'ai profité de ton passage, mais je ne t'ai jamais proposé de t'installer à demeure. Maintenant, il faut se quitter, je veux me libérer de toi et je te demande de partir.»

Apprenez à considérer votre propre personne comme une maison que vous habitez et dans laquelle vous souhaitez vivre aussi à l'aise que possible. Imaginez la venue du printemps, c'est le temps du grand ménage: il faut épousseter, aérer, laver, enjoliver, peinturer, rafraîchir, redisposer les meubles ou renouveler certains éléments de votre intérieur, refaire votre décoration... Cultivez votre être intérieur comme s'il s'agissait d'un jardin, choisissez des plantes qui fleurissent à différents moments de l'année, en fonction de vos goûts, des textures et des couleurs que vous souhaitez donner à votre environnement. Puis, prenez-en bien soin, arrosez-les régulièrement, donnez à chacune le terreau qui lui convient et procurez-lui la chaleur et la lumière nécessaires à sa croissance et à son épanouissement. Symboliquement, ces plantes sont vos pensées, votre désir de vivre, vos aspirations, vos goûts et vos intérêts, bref, tout ce qui vous apporte du plaisir et contribue à votre bonheur.

Voici une autre allégorie. Sortez votre coffre à outils et répertoriez son contenu. Vous réaliserez que de vieux outils peuvent encore vous être utiles, tandis que d'autres vous encombrent et sont justes bons à jeter aux ordures. Ainsi, vous redécouvrirez l'usage d'outils que vous aviez délaissés et verrez à vous en procurer de nouveaux, mieux appropriés à vos besoins actuels. Établissez vos plans et la liste des matériaux, vous êtes à la fois l'architecte et le contremaître. Pour certains d'entre vous, la boîte à couture ou la remise du jardin sont des exemples imagés plus parlants et signifiants.

Avez-vous songé à adopter un credo personnel? Rédigez-le en termes simples et précis afin qu'il exprime à la fois vos valeurs, vos croyances et votre désir de mieux-être. Puis, placez-le en évidence dans un endroit de votre choix. À titre d'exercice, nous vous proposons de compléter les trois affirmations suivantes:

JE **CROIS** QUE _____

JE **DÉCIDE** DE _____

JE **DÉSIRE** QUE _____

Les indices de la réorganisation

Tous les moyens pour parvenir à la réorganisation sont bons, s'ils sont adaptés à vos besoins et à votre personnalité. En terminant, rappelons les trois aspects principaux sous lesquels cette réorganisation se manifeste concrètement:

— Une amélioration globale de votre état de santé physique et moral ainsi que de votre qualité de vie;

— Une intériorisation sereine de la «présence du défunt» (être confronté aux rappels de son existence n'entrave pas votre poursuite d'un mieux-être);

— Une capacité plus grande de formuler un nouveau sens à votre existence et de vous réinvestir de façon valorisante.

Temps de réflexion
La réorganisation

Qu'il s'agisse de changements mineurs ou importants, je constate les améliorations suivantes dans mon quotidien:

Sur le plan physique

Sur le plan cognitif

Sur le plan comportemental

Sur le plan des sentiments

Sur le plan spirituel

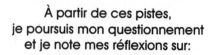

À partir de ces pistes,
je poursuis mon questionnement
et je note mes réflexions sur:

L'intériorisation de la «présence du défunt»

Ma perception différente de l'univers, de la vie et de moi-même

Ce que je mets en œuvre pour donner un nouveau sens à mon existence et m'y investir de manière valorisante

Ce qui peut me nuire

- Penser que la mort de _____ brise ma vie à jamais;

- Entretenir l'idée que cette personne était indispensable à mon bonheur;

- Croire qu'il est trop tard pour être bien;

- Résister aux changements qui s'imposent; refuser de m'ajuster;

- Me persuader qu'aucune forme de bonheur n'est possible ou que cela ne vaut pas la peine de l'envisager;

- Compter seulement sur le temps pour transformer l'épreuve.

Ce qui peut aider

- Veiller à ma santé et à mon bien-être;

- Valoriser et renforcer les changements positifs;

- Être ouvert aux options nouvelles;

- Commencer à dégager un sens à mon expérience et à mon existence;

- Réorganiser mon temps et mes activités;

- M'accorder le droit de vivre avec plénitude; investir, comme je l'ai fait auparavant, dans la poursuite du temps.

Ce qui me nuit actuellement
ou pourrait me nuire

Ce qui m'aide actuellement
ou serait susceptible de m'aider

Conclusion

Après avoir surmonté une épreuve, est-il possible d'envisager que l'infortune puisse avoir une quelconque utilité dans la poursuite de l'existence?

Avec ou sans le secours de la religion, peut-on accepter l'adversité et reconnaître que la personnalité de l'individu se construit aussi en traversant les épreuves imposées par la vie?

La perte d'un être cher est-elle acceptable?

Transcender l'épreuve équivaut-il à accepter la perte ou à lui donner un sens?

S'il vous est possible de répondre oui à l'une de ces questions, même en partie seulement, il ne faut pas croire que vous faites preuve d'une soumission aveugle vous empêchant d'infléchir la destinée. Au contraire, vous évoluez dans un processus d'intégration-adaptation vous permettant de tirer un enseignement des épreuves subies et de dégager un sens à l'expérience vécue.

Nous admettons tous que nombre de renoncements ont été nécessaires au développement de notre personnalité et à notre survie; cependant, certaines pertes nous apparaissent absurdes et inutiles. L'entendement humain est parfois totalement impuissant à absorber les chocs de la vie, incapable qu'il est de percer les obscurs desseins de la destinée car, au moment où les événements se produisent, un plan logique, s'il en existe un, semble inaccessible, inconcevable. Mais devons-nous toujours comprendre les événements comme partie intégrante d'un ensemble cohérent, prédéterminé, dans le sens qu'on attribue en général aux actions humaines? Beaucoup de temps s'écoule parfois avant qu'on puisse établir des liens de cause à effet qui ont une signification probante ou acceptable.

Les exemples suivants illustrent la façon dont certains endeuillés arrivent à transcender l'épreuve et à redonner un sens à leur nouvelle existence sans la présence de l'être cher.

Une veuve de quarante-cinq ans décida de prendre la direction du commerce de son époux et devint, à son grand étonnement, une femme d'affaires avisée et prospère.

En rentrant chez lui, un jeune homme de dix-sept ans trouva la maison dévastée par les flammes et apprit de la bouche d'un policier que ses parents avaient péri dans le sinistre. Après quelques années qu'il qualifia d'infernales, il prit la décision d'œuvrer comme ambulancier et devint un ardent propagateur des programmes d'information et de prévention des incendies.

Une femme de soixante-seize ans, mère de nombreux enfants, réalisa après la mort de son époux le vieux rêve qu'ils caressaient depuis toujours: aménager une serre à l'arrière de leur maison. Elle se consacra toute entière à ce projet et y investit une partie de son héritage.

Une jeune femme, contrainte d'assumer de lourdes tâches familiales depuis son adolescence (en raison de la maladie de sa mère), reconnut que la mort de cette dernière la soulageait d'un lourd fardeau et lui permettait enfin de poursuivre ses études.

La mort d'une adolescente, victime d'une «overdose» dans des circonstances ténébreuses, laissa ses parents inconsolables et révoltés. Pendant plus de trois ans, ils vécurent repliés sur eux-mêmes. Au cours de cette période, la mère faisait régulièrement des cauchemars dans lesquels elle voyait sa fille et l'entendait la supplier de l'aider. Au terme d'une longue thérapie, le couple émergea doucement de sa torpeur et s'activa à mettre sur pied un projet de sensibilisation aux méfaits de la drogue. Ce programme fut rapidement adopté dans plusieurs écoles secondaires.

Après la mort de son fils unique et handicapé, auquel elle consacrait tout son temps et toute son énergie, une mère retourna travailler à temps partiel et elle s'investit dans un bénévolat d'accompagnement auprès des personnes âgées. Ces deux occupations l'aidèrent à se revaloriser à ses propres yeux. Pour sa part, le conjoint décida de parrainer un garçonnet dont le père était décédé et il établit rapidement une relation significative avec l'enfant.

Parmi les témoignages de personnes célèbres, nous vous suggérons de méditer celui du docteur Frankl, qui écrivit *Découvrir un sens à la vie*[6] à sa sortie du camp de concentration. Les épreuves subies au cours de sa détention l'amenèrent à élaborer le concept de la logothérapie, qui repose sur la libre volonté, la volonté du sens et le sens de la vie.

Les exemples semblables sont nombreux et vous en connaissez sûrement dans votre entourage. Certains comportent des éléments pathétiques, alors que d'autres, tout aussi émouvants, sont moins dramatiques. Qui sait ce qu'il adviendra dans votre cas? Vous êtes peut-être encore trop ébranlé par la perte pour envisager un quelconque revirement. Des mois passeront peut-être avant que vous soyez capable de donner un nouveau sens à votre existence et de vous y réinvestir. Mais nous sommes convaincus qu'un jour viendra où vous parviendrez à transformer l'épreuve en expérience créatrice.

Il est difficile de concevoir que l'infortune puisse avoir une utilité, mais n'est-il pas encore plus pénible de subir passivement l'adversité sans chercher à lui donner un sens? Quel sera celui que vous lui accorderez?

Cela vous semblera peut-être choquant, voire inadmissible, de reconnaître que certains avantages peuvent être retirés de la perte subie. Permettez-nous d'en porter quelques-uns à votre attention:

— une meilleure compréhension de la relation;

— une prise de conscience de vos forces et de vos ressources;

---

6. FRANKL, Victor. *Découvrir un sens à sa vie*, Montréal, Éditions de l'Homme, 1988.

— la cessation de la maladie de l'être cher; la fin des inquiétudes, des tourments, du contact avec la souffrance morale et physique; plus de liberté et de temps à votre disposition;

— une plus grande aisance matérielle ou la jouissance de certains biens;

— un héritage affectif et spirituel pouvant servir de guide;

— une descendance;

— l'occasion d'actualiser vos potentiels, de réaliser vos projets personnels;

— une plus grande sensibilité aux malheurs des autres;

— l'accroissement de l'amour et de la compassion;

— le développement de vos valeurs morales et spirituelles;

— la prise de conscience du caractère sacré de la vie; le désir de prendre soin de vous et de profiter de chaque jour.

Bien que ces éventuels bénéfices ne soient pas encore évidents pour vous, il vous appartient d'essayer de reconnaître chaque aspect positif qui se dégage progressivement de votre expérience. Le sens de l'existence le plus viable sera toujours celui que vous lui accorderez. Et, même en l'absence d'un sens donné à la perte subie, vous pouvez poursuivre votre propre quête de sens à l'existence. Rappelez-vous que ce qui rend foncièrement heureux provient de l'une ou l'autre des sources suivantes: être soi-même en toutes circonstances; effectuer un travail ou des actions qui nous procurent le sentiment de donner enfin sa «pleine mesure» et être en relation avec des personnes qui nous stimulent, nous nourrissent, autrement dit, dont le contact fait ressurgir nos potentialités et nous incite à les actualiser.

* * *

Nous vous avons présenté la traversée du deuil pour ce qui est du processus évolutif, en illustrant les temps forts de la progression. Dans un volume, la résolution du deuil est forcément présentée de façon chronologique, schématique et condensée. Il est certain que le temps consacré à votre lecture ne correspond pas au temps réel

240

de votre parcours. Aussi, cet ouvrage peut-il être considéré comme un compagnon que vous consulterez au gré de votre cheminement, étape par étape. Mais vous l'avez peut-être parcouru d'une traite, du début à la fin, de la même façon qu'on consulte un guide de voyage pour baliser le trajet et se familiariser avec la route. Si c'est le cas, il est souhaitable de vous resituer à l'étape actuelle de votre parcours et de revenir sur les points qui vous concernent davantage, actuellement. Notre seul but est de vous aider à franchir les passages les plus périlleux.

Bien que la traversée du deuil laisse immanquablement des traces plus ou moins douloureuses, celles-ci devraient s'estomper avec le temps. Si des séquelles graves persistent sur les plans physique, affectif et psychique, et si vous éprouvez des doutes quant à leur nature et à leur ampleur, nous vous conseillons, une fois de plus, de consulter un intervenant spécialisé qui vous orientera vers une démarche appropriée.

Même si le deuil normal est relativement difficile à surmonter, sa résolution devrait cependant aboutir à une amélioration globale et manifeste sur tous les plans de la personne. Le critère principal pour évaluer la guérison est le suivant: **le deuil est terminé lorsque le survivant est capable de se remémorer sa relation avec l'être aimé avec réalisme et sérénité, sans que ce souvenir affecte ou bouleverse sa vie présente.**

Cependant, il est impossible de prédire **quand** votre deuil sera **totalement résolu**; cela dépend de facteurs déterminants qui ne peuvent s'appliquer uniformément à tous les deuilleurs. Il est tout aussi ardu de mesurer avec précision les **indices** de la résolution complète. En effet, les états affectifs ne peuvent être analysés, calibrés ou expérimentés en laboratoire à l'aide d'éprouvettes et d'agents réactifs. En fait, **vous êtes le laboratoire vivant** dans lequel s'effectuent une série d'expérimentations, une multitude de transmutations, les unes à votre insu, les autres sous votre supervision assidue. Poursuivons l'analogie. Vos assistants les plus chevronnés et les plus efficaces sont des adjoints ayant l'habitude de travailler avec et pour vous: vos assises personnelles, vos valeurs et vos croyances, vos apprentissages, vos facultés propres et votre détermination. À cette équipe essentielle s'ajoutent quelques auxiliaires précieux tels que le soutien de votre entourage, les nouvelles options qui s'offrent à vous ainsi que l'aide professionnelle, si besoin il y a.

Parvenu au terme de la traversée du deuil, vous devez maintenant faire le bilan, c'est-à-dire dresser l'inventaire de vos actifs et passifs dans les différents domaines de votre vie (affectif, émotionnel, relationnel, matériel, spirituel ou autres). Devrez-vous cesser temporairement les opérations, rééquilibrer le budget, rapatrier des capitaux, réorienter les affaires? Malgré toutes les pertes subies, la vie n'est-elle pas, somme toute, une entreprise rentable pour vous-même et pour ceux que vous aimez? Il vous incombe d'entrer en possession de votre héritage affectif et de l'investir dans la poursuite de votre existence.

* * *

Le moment est venu de terminer la relation établie avec vous au début de cet ouvrage. Nous sommes conscients de ne pas avoir abordé tous les sujets qui vous préoccupent, ni d'avoir répondu à toutes vos questions. Nous avons dû nous limiter et nous concentrer sur ce qui nous semblait essentiel à votre rétablissement. Nous espérons avoir atteint cet objectif et nous vous souhaitons vivement d'atteindre les vôtres.

Suggestions de lecture

Ouvrages sur le deuil

BOWLBY, J. «La perte, tristesse et dépression» dans *Attachement et Perte*, Paris, PUF Le fil rouge, 1984.

CHAMPAGNE, L. *Dis-moi, c'est quoi*, Roberval, Corporation des thanatologues du Québec, 1980. *Tu es jeune, tu as toute la vie*, Roberval, Corporation des thanatologues du Québec, 1985.

DEITS, B. *Revivre après l'épreuve*, Montréal, Éditions Quebecor, 1988.

HÉTU, J.-L. *Psychologie du mourir et du deuil*, Montréal, Éditions du Méridien, 1989.

LEIST, M. *Dis, pourquoi la mort?*, Paris, Éditions Cana, 1981.

MARCHAL, H. et JOLY, P. *Guide des veuves*, Montréal, Sciences et culture inc., 1992.

MONTBOURQUETTE, J. *Aimer, perdre et grandir*, Saint-Jean-sur-Richelieu, Éditions du Richelieu, 1984. *Comment pardonner*, Ottawa et Paris, Éditions Novalis/Centurion, 1992.

RÉGNIER, R. *La perte d'un être cher*, Montréal, Éditions Quebecor, 1991.

RYAN, R. S. *L'insoutenable absence*, Montréal, Éditions de l'Homme, 1995.

SARNOFF SCHIFF, H. *Parents en deuil*, Paris, Éditions Robert Laffont, Coll. «Réponses», 1977.

VIORST, J. *Les renoncements nécessaires*, Paris, Éditions Robert Laffont, Coll. «Réponses», 1988.

Développement personnel et connaissance de soi

ARTAUD, G. *Se connaître soi-même: la crise d'identité de l'adulte*, Montréal, Éditions de l'Homme, 1978.

DAVY, M. M. *La connaissance de soi*, Paris, PUF, 1966.

ÉVELY, L. *Chaque jour est une aube*, Paris, Éditions du Centurion, 1987.

FRANKL, V. E. *Découvrir un sens à sa vie*, Montréal, Éditions de l'Homme, 1988.

FROMM, É. *L'art d'aimer*, Paris, Éditions de l'Épi, 1968.

GIBRAN, K. *La voix de l'éternelle sagesse*, Saint-Jean de Braye, Éditions Dangles, Coll. «Horizons spirituels», 1978. *Le prophète*, Belgique, Éditions Casterman, 1983.

JOURARD, S. M. *La transparence de soi*, Sainte-Foy, Éditions Saint-Yves inc., 1971.

LACASSE, M. *J'ai rendez-vous avec moi*, Montréal, Éditions de l'Homme, 1990. *De ma tête à mon cœur*, Montréal, Éditions de l'Homme, 1992. *La réponse est en moi*, Montréal, Éditions de l'Homme, 1994.

PECK, S. *Le chemin le moins fréquenté*, Paris, Éditions Robert Laffont, 1978.

PELLETIER, D. *L'arc en soi: essai sur les sentiments de privation et de plénitude*, Paris, Éditions Robert Laffont, Paris, 1981. *Ces îles en nous: propos sur l'intimité*, Montréal, Québec/Amérique, 1987.

ST-ARNAUD, Y. *J'aime: essai sur l'expérience d'aimer*, Montréal, Éditions de l'Homme, 1978.

Les auteurs vous invitent à adresser vos commentaires à l'adresse suivante:

Roger Régnier
Line Saint-Pierre
Case postale 255
Succursale Rosemont
Montréal (Québec)
H1X 3B7